巨 乳 の 誕 生

大きなおっぱいはどう呼ばれてきたのか

安田理央

太田出版

はじめに

メディアには巨乳が溢れている。

コンビニや書店の雑誌コーナーへ行けば、胸の深い谷間を見せつけるビキニ姿の美女と、「巨乳」の文字が散りばめられた表紙が並んでいる。

現在の代表的なグラビア誌である『フライデー・ダイナマイト』2017年8月23日号（講談社）を見てみよう。表紙と巻頭グラビアにはGカップ87センチのバストを持つグラビアアイドル篠崎愛が登場。

この号には、篠崎愛を始めとして32人が水着グラビアやヌードグラビアに登場しているのだが、そのうちカップサイズ非公開が3人、Bカップは1人、Cカップは1人、Dカップが2人、Eカップが4人、Fカップが6人、Gカップが6人、Hカップが2人、Iカップが2人、Jカップが3人、そして最も大きいのは元AV女優・沖田杏梨の106センチLカップだった。

ちなみに80センチCカップの川崎あやのグラビアには「ちっぱい」「微乳」の文字が躍っている。この雑誌では80センチCカップの胸は「小さい」と判断されているのだ。

今度はＡＶ（アダルトビデオ）の世界を覗いてみよう。
「巨乳」の2文字が入ったタイトルの多さに驚かされる。『巨乳のお義姉ちゃんに媚薬を含んだベロキスをしたら即トロ顔！ハメたら涎を垂らして激アヘ顔！』（ナチュラルハイ）や『ノーブラで僕を誘惑する隣に引っ越してきたエッチな巨乳奥さん 野々宮みさと』（グローリークエスト）など、２０１７年7月の一ヶ月間に発売されたの中でタイトルに「巨乳」の文字を含む作品だけで、61作もある。さらに「爆乳」「デカ乳」「ボイン」なども含めると、その数は96作にものぼるのだ。一ヶ月の間に発売された「巨乳」作品だけで、１００作近いのだ。

男性はみんな巨乳が好き、というのが常識とされる風潮だ。

「いや、おれは小さいおっぱいが好きなんだ」という人もいるだろうが、それはあくまでも少数派に過ぎないようだ。

日本最大のＡＶの通販・ダウンロードサイトであるＤＭＭ.Ｒ18の２０１６年度の女優別売上げランキングを見ると、ベスト20位までにＣカップ以下の女優は佐々木あきしかランクインしていない。1位はＥカップの波多野結衣、2位はＧカップの高橋しょう子、3位はＥカップのＡＩＫＡ、4位にようやくＣカップの佐々木あきが来るものの、以下はＧカップの水野朝陽、そしてＪカップ（！）のＪＵＬＩＡと続く。

ベスト50位までを見てもＣカップ以下の女優は6人しかおらず、貧乳女優が占める割合は、わずか12％ということになる。やはり少数派であると言わざるをえない。

もっとも現在のＡＶ業界ではＧカップ以上が巨乳ということが常識となっているので、巨乳女優は16人しかランクインしていないことになり、意外に少ないとも言えるのだが……。もはやＥカップやＦカップくらいでは、巨乳には入れてもらえないのだ。

大きなおっぱいはありがたいものであり、テレビのバラエティ番組で巨乳グラビアアイドルが出てきたら、芸人に限らず男性は嬉しそうなリアクションを取らなくてはいけない。それが決まりとなっているからだ。

そして芸能人でもなく、カメラが向けられているわけでもない我々も、そんなリアクションを取らなければいけないような気になっている。

しかし、いつの時代でも大きなおっぱいが好まれていたわけではないと言うと驚かれるだろうか。

大きなおっぱいは、男なら、みんな大好きなはずだからだ。

そもそも江戸時代では、乳房は性の対象として見られてはいなかったし、70年代にはユニセックスで華奢な体つきこそがファッショナブルであり、大きなおっぱいは時代遅れのレッテルを貼られていた。そして80年代のＡＶ業界では、胸の大きなＡＶ女優は人気を得ることができなかったのだ。

今では女の子も気軽に使っている「巨乳」という言葉も、一般的に普及したのは１９９０年頃だ。それまで大きなおっぱいは、「ボイン」「デカパイ」、そして「Ｄカップ」などと呼ばれていた。

大きな胸を表現する言葉も時代によって変わっていき、その受け止め方も常に変わっていった。

本書は、大きなおっぱいの魅力について熱く語る本ではないし、なぜ男性が大きなおっぱいに惹かれるのかの理由を探る本でもない。ましてや、おっぱいを通してジェンダーについて考える本でもない。

雑誌やテレビ、映画、そしてエロ本やAVといったメディアが、大きなおっぱいをどう扱ってきたのか、その変遷をたどろうというのが、本書の趣旨である。

その始まりは、紀元前にまで遡り、ヨーロッパからアメリカ、ハリウッドへ。そして日本では江戸時代から、開国、敗戦、経済成長を経て現在へ。社会の「大きなおっぱい」の受け止め方は常に変わっていく。

アダルトメディアは、ユーザーの欲望をダイレクトにすくい上げて商品化する。大きいおっぱいのAVが増えるのは、ユーザーが大きいおっぱいを見たいと望むからだ。

考えてもみて欲しい。確かに日本の女性の胸は、戦後どんどん大きくはなっているが、巨乳ブームが来たからと言って、女性の胸が突然大きくなるはずがない。以前から胸の大きい女性はいたのだが、それまでメディアに登場していなかっただけなのだ。

おっぱいの大きい女性が見たいと思うユーザーがいて、そのニーズに気がついた作り手がいて、そしておっぱいの大きな女性が出演しようという状況が整って、初めて巨乳作品は世に出る。

アダルトメディアに登場する大きなおっぱいは、常に時代の影響を受け、時代を反映しているのである。

ところであなたは、大きなおっぱいは好きですか？

巨乳の誕生 大きなおっぱいはどう呼ばれてきたのか／目次

第四章 ボインの時代 ナインの時代 103

第五章　デカパイからDカップへ　137

ブックデザイン　鈴木成一デザイン室

巨乳の誕生

大きなおっぱいはどう呼ばれてきたのか

序章

原宿に日本初の巨乳専門ショップがあった

原宿に巨乳ファンの憧れの地があった

80年代、まだ「巨乳」という言葉が一般的ではなかった時代に「胸の大きな女性を愛好する男性たち」が憧れていた店があった。しかも原宿駅のすぐ近くという場所だ。

それが「ヴイ・レックス原宿」である。オープンは1985年の12月。原宿駅竹下口から線路沿いに代々木方面に歩いてすぐの雑居ビルの2階にその店はあった。当時の原宿は若者文化のメッカであり、若者向けの商売をやっている人間なら誰もが出店したがるであろう絶好のロケーションだ。

そんな場所に、日本初の巨乳AV専門ショップ、ヴイ・レックス原宿はあったのだ。

当時、巨乳好きならば必ず読んでいたのが大亜出版（現・ダイアプレス）が発行している『バチェラー』という雑誌だった。80年代末に巨乳ブームが訪れる前から、海外モデルを中心に巨乳グラビアを前面に押し出した誌面で、巨乳ファンの心を摑んでいた。

その『バチェラー』に毎号広告を出していたのが「東宝ファミリークラブ」（TFCファミリークラブ）という通販会社であった。和物洋物を問わず巨乳モデル出演のAVをずらりと並べたカタログ的なその広告の下欄にはいつも「Dカップビデオならヴイ・レックス原宿」と店舗告知が掲載されていたのである。ちなみに、当時は巨乳のことを「Dカップ」と表現することが多かった。

小林ひとみ、黒木香といったスターがデビューし、AVがようやくアダルトメディアの王座へ登りつめようとしていた時期である。レンタルビデオ店が一万店を超えるほどに盛り上がっていたとはいえ、まだまだメディアとしては未成熟であり、ジャンルの細分化も進んでいなかった。マニアックなジャンルが「フェチ」という言葉によって一般化するのは90年代に入ってからの話だ。

そんな時代に巨乳専門のAVショップが既に誕生していたのである。日本最初のフェチショップと言ってもよいだろう。

もちろん巨乳ブームも到来する前だ。巨乳をテーマにしたAVも少ない。そんな時期に巨乳AVばかりを集めたショップが原宿にあるのだと『バチェラー』の広告を見て知った全国の巨乳ファンは、一度は足を運んでみたいと熱望したのである。そこは正に巨乳ファンの憧れの地であった。

AV情報誌『オレンジ通信』（東京三世社）の1990年2月号にヴイ・レックス原宿の1989年12月期のAV売上ベスト10が掲載されている。

1位『Fカップ・エンジェル／スーザン』（フェニックス）
2位『SEXと巨乳とビデオテープ／加山なつ子』（EVE）
3位『巨乳みだら舞／松本鈴音』（志摩ビデオ）

4位『巨乳みだら吊り／深田みき』（志摩ビデオ）
5位『エデンの淫獣／樹まり子』（ウルトラD）
6位『変態バスト100／真咲乱』（VCA）
7位『あぶないデカパイ／麻宮千聖』（アリスJAPAN）
8位『胸騒ぎの瞬間／羽田りえ』（新東宝）
9位『乳姦／真咲乱』（VCA）
10位『極上の妻たち／庄司みゆき』（VIP）

ヴイ・レックス原宿では、巨乳物以外のAVも扱っていたが、ランキング入りしているのは、見事なほどにすべて巨乳物、あるいは巨乳女優の出演作である。

ヴイ・レックス原宿は、確かに巨乳ファンの集う店だったのだ。

巨乳、特撮、プロレスが同居するショップ

1980年に創刊された『宇宙船』（朝日ソノラマ、後にホビージャパン）という雑誌がある。国内外の特撮に関する情報を扱った専門誌だ。

この雑誌にも「東宝ファミリークラブ」（TFCファミリークラブ）は毎号広告を掲載していた。

こちらでは、東宝の特撮映画を中心にテレビの特撮番組やアニメのビデオ、レーザーディスクのカタログを掲載。『ジャンボーグA』や『戦え！マイティジャック』などの特撮テレビ番組をビデオ化したソフトは、TFCオリジナルビデオとして紹介されている。『ダイゴロウ対ゴリアス』の広告には、「特撮ファン・マニアの強い味方、東宝ファミリークラブからついに発売！　一般販売店では買えない。当社通販のみの独占販売」というキャッチコピーが誇らしげに書かれている。

そしてそこには「マニアもおすすめ　特撮ビデオ・LDの専門店　ヴィ・レックス原宿」という店舗告知が掲載されているのだ。

一方ではDカップビデオ専門店であり、一方では特撮ビデオの専門店。しかも、当時この店に行った人の話を聞くと、『バチェラー』の広告を見た人は「巨乳AVがたくさん並んでいた」と言い、『宇宙船』の広告を見た人は「特撮映画とテレビヒーローのビデオがあった」と言い、お互いそれ以外のビデオの印象はなかったようだ。もしかすると、これは別店舗、あるいは時期によって取り扱う専門が変わったのではないだろうか、とまで考えた。

しかし、実際にはやはり同一の店舗だった。店舗の半分ほどが特撮作品、そして残りが巨乳を中心としたアダルト作品やプロレス作品、その他の一般作品を陳列していたようだ。

そう、東宝ファミリークラブは『バチェラー』や『宇宙船』だけではなく、『週刊プロレス』にも広告を出し、そこでもヴィ・レックス原宿は告知されていたのだ。

巨乳、特撮、プロレスという全く違う3つのジャンルを取り扱うショップがヴィ・レックス原宿だったのだ。おそらくそれぞれのファンは、自分の目的のジャンルの棚しか目に入らなかったのだろう。

マニアとはそういうものなのだ。

淀川長治の弟子が始めたAV巨乳メーカー

しかしヴィ・レックス原宿はどうして、この3つの異なるジャンルを同じショップで扱おうと考えたのか。単に店長がこの3つのジャンルが好きだったのだろうか。

その鍵は、ヴィ・レックス原宿を経営する東宝ファミリークラブにあった。

かつて東宝ファミリークラブで営業部長の職についていたという福井卓司氏に話を聞くことができた。

実は、東宝ファミリークラブのことを調べていて福井氏にたどり着いた時に、筆者は驚いた。福井氏といえば、ビッグモーカルという老舗AVメーカーの社長として、そして90年代に先鋭的な作風で注目されたV&Rプランニングという AVメーカーの黎明期を支えた営業担当として知られている人物だったからだ。

V&Rプランニング出身のAV監督カンパニー松尾の自伝的漫画『職業AV監督』(原作:

カンパニー松尾 作画：井浦秀夫）にも福井氏は登場していたため、強い印象に残っていた。

「実は僕は社長の佃善則の甥なんですよ。僕の母親が佃さんの姉だったんです」

大学卒業後、まだ国内でチェーン店展開を始めたばかりのマクドナルドで店長をしていた福井氏を、佃氏は「これからはビデオの時代だ。ビデオ業界はどんどん大きくなるから」と自分の会社に誘ったと言う。

佃善則はユニークな人物であった。地元の松山で淀川長治氏の講演を聞いたことがきっかけで映画の世界に足を踏み入れ、俳優として東映に入社。俳優としては芽が出ることはなく、その後、映画館の支配人となる。淀川長治とも親交を深め、弟子のような存在であったという。佃氏の著書『淀川長治が遺してくれたこと　映画が人生の学校だった』（海竜社　1999年）を読むと、佃氏が淀川氏のプロデューサー、マネージャーのような存在であり、仕事上のパートナーでもあったことがわかる。

映画館支配人の仕事を辞めて独立した佃氏は、自分の会社を立ち上げる。そのひとつがヴイ・シー・エー（VCA）だった。

「東宝ファミリークラブというのは屋号で、会社名はヴイ・シー・エーでしたね。最初は健康器具の通販とかやってたみたいですけど、そのうちにビデオの通販がメインになりました。佃さんは映画業界の知り合いが多かったから、資本関係はないのに、『東宝ファミリークラブ』を名乗ることを許してもらったみたいですよ。でも、そのうちアダルトを売るのに『東宝』からやめてくれってクレームがついてしまい、『TFCファミリークラブ』を使うようになったんです。でも佃さんは『何言ってるんだ。東宝だって最初はAVやってたくせに』って怒ってましたね」

確かにAV黎明期の80年代前半は、大手の映画会社やレコードメーカーもピンク映画や洋ピン（輸入成人映画）のビデオソフト化を手がけていたのだ。

ヴイ・シー・エーは東宝とのパイプを活かして、それまで埋もれていた隠れた特撮作品などを自社ブランドでソフト化もした。宇津井健主演の日本初の特撮スーパーヒーロー映画『スーパージャイアンツ』や、特撮テレビ番組『幻の怪獣アゴン』『宇宙Gメン』などを発売。

同時に米ポルノ映画の巨匠ラス・メイヤー監督の作品を輸入して日本向けに編集し、独占販売したところ、大ヒットした。1982年のことである。

これがヴイ・シー・エーの巨乳路線のきっかけとなったのである。

ラス・メイヤーは50年代から70年代にかけてアメリカで活躍したポルノ監督である。ポルノと言っても、本番行為のないソフトコアと呼ばれる作品が中心で、巨乳の女優が激しいアクションを見せるという独特の作風で人気を博した。

当時は日本でも公開されたラス・メイヤー作品だが、この時点では既に全盛期はとうに過ぎ、過去の監督と見られていた。しかし、巨乳マニアの間ではラス・メイヤーの存在は神格化されていたのだ。

ヴイ・シー・エー（この時はＴＦＣビデオコレクターズ名義）は『女豹ビクセン』（原題：VIXEN! １９６８年）、『真夜中の野獣』（原題：FINDERS KEEPERS, LOVERS WEEPERS １９６８年）、『淫獣アニマル』（原題：SUPER VIXENS １９７５年）の三作品を販売。全て日本向けに編集が加えられていたが、陰毛や性器の表現など日本の法律に触れる部分をカットしただけで字幕もつけていない。

当時の広告（『ビデオプレス』１９８３年5月号）には、「混雑が予想されますので、ラス・メイヤー作品に限り、店頭での販売はいたしません。全て予約制で通信販売いたします。ごめんどうでも、必ず現金書留でお申込みください。商品到着まで15日前後かかります。なお、品切れの際は1ヶ月前後お待ちいただくこともありますのでご了承ください」という「お願い」の一文が添えられている。高飛車にすら感じられる文章だ。

そして実際に、このラス・メイヤー作品は1本が3万5千円と高価な商品にもかかわらず、限定５００本が完売となる売れ行きを見せ、「巨乳は売れる」という確信を佃氏に与えた。また、この頃、取り扱っていた『恵子　バスト90桃色乳首』（ヘラルド・エンタープライズ／ポニー）や『D♥CUP　変態バスト99』（東京ビデオ）などの国産の巨乳ＡＶも人気だったことから、とうとうオリジナルの巨乳ＡＶを制作することを決定する。

巨乳フェチAV第1号『淫乳』

その第1作となったのが1983年8月25日発売の『淫乳　バストアップ95』だ。主演は、現在も熟女女優として活躍しているしのざきさとみ。パッケージには、企画・発売元「東宝ファミリークラブ」のクレジットになっている。

ボーイッシュなショートカットでありながら豊かな乳房のしのざきさとみは、現在の基準から見れば、それほど大きいという印象はないが、実際はDカップよりもサイズはあるだろう。

本作はAVでありながらもセックスシーンはない。カメラはひたすらしのざきの乳房を追う。身体の動きと共に揺れる乳房、自らの指で揉みしだき変形する乳房。光と影を効果的に使った幻想的な映像も美しい。現在ではイメージビデオに分類される作品だ。

「そうなんです、『淫乳』には佃さんの指示でカラミがないんですよ。たぶんラス・メイヤーの影響じゃないですかね。ラス・メイヤー作品もセックスがなかったりしますからね。それでも大きなオッパイが出てくれれば、マニアは嬉しいんです。『カラミはなくてもいい。むしろない方がいい。カラミじゃなくて胸が見たいんだから。マニアはそうなんだよ』って言ってました。ユーザーの声をずいぶん聞いていたようです。僕なんかは、そんなの売れるかな、と思ったんですがヒットしましたね。通販だけでも千本くらい売れましたよ。毎日毎日、現金書留が山のように届くんですよ。発送が終わらなくて夜中までやってましたね」（福井氏）

本作の監督は小路谷秀樹。ＡＶの黎明期に、最も先鋭的な映像を撮り、後のＡＶに大きな影響を与えたと言われる鬼才である。

そして、その現場でＡＤを務めていたのが高槻彰だった。後に過激なドキュメントＡＶで名を馳せ、00年代に入ってからは爆乳専門メーカー「シネマユニット・ガス」を率いて、爆乳ＡＶを撮り続けることになる監督だ。

高槻氏に『淫乳』について聞いた。

「大学生の時にピンク映画やＡＶの助監督のバイトをしていたんです。それで宇宙企画の現場で知り合ったのが小路谷だったんです。ドキュメント的だったりモダンアート的だったりの味付けがあって、小路谷の撮るものは本当に面白かった。それで大学を出てから、小路谷の制作会社４Ｄに入るんですが、『淫乳』はその前ですね。確かあれは、小路谷が宇宙企画の機材をこっそり借りて撮影したんですよ。それで僕も助監督でつきました。上野のラブホテルで撮りました。彼は別に巨乳好きじゃなかったと思うけど、映像はすごく綺麗に撮りましたね。フェチな映像を撮るというのは難しいんですよ。それまではおっぱいの大きな女をただ撮ればいいというＡＶしかなかったところに、この角度でこう撮れば綺麗だっていうのを確信的にやってた。どう撮れば巨乳が映えるのかを、ちゃんとわかって撮ってましたね」

セックスを中心に据えず、特定のフェティシズムにテーマを絞るフェチＡＶは90年代に入って数多く作られるようになるのだが、ＡＶ黎明期にあたるこの時期にそんな発想をするメーカーはなかった。『淫乳 バストアップ95』は日本で初めて巨乳をフェチの観点で捉えたAVであり、日本初のフェチAVだったと言っていいだろう。

初の巨乳専門メーカーの誕生

そしてヒットした『淫乳』は当然、続編が作られることになった。続編から監督は、４Dに入社した高槻氏に交代した。

「僕が巨乳好きだからというわけで振られたわけではないと思う。当時は恥ずかしくて誰にも巨乳好きなんて言ってなかったから、小路谷も知らなかったはずですよ」

ＡＶ監督ですらも、巨乳好きだと公言するのは、恥ずかしい。そんな時代だったのだ。だからこそマニアはコアな巨乳ＡＶを欲したのである。

高槻彰監督による『淫乳 Part2』は１９８５年5月に発売された。出演は中村京子・菊島里子・南もも子の三人。これもヒットし、以降『淫乳』シリーズ、そしてヴィ・シー・エーの巨乳ＡＶ作品は次々と作られることとなった。同年には、『淫乳 Part3』主演をオーディションする「秋のD-Cupギャルコンテスト」まで開催された。

倉田ひろみや高杉レイといった一部の人気女優の出演作を除けば、ヴィ・シー・エーは巨乳作品ばかりをリリースし続けた。日本初の巨乳専門ＡＶメーカーである。80年代には、専門メーカーはSMくらいしかなく、メーカーとしてジャンルに特化するのは、かなり進んだ考え方だったと言える。

なにしろヴイ・シー・エー以外に巨乳専門のAVメーカーが立ち上がるのは、2004年のシネマユニット・ガスの登場まで待たねばならないのだ。

AV情報誌『アップル通信』（三和出版）の1987年4月号に、連載「アダルトVDメーカー訪問インタビュー」の第9回、ヴイ・シー・エー編が掲載されている。

淫乳シリーズなどDカップ巨乳物ならまかせなさいと胸を張るビデオメーカーがある。今回のビデオメーカー訪問インタビューは、世にDカップビデオメーカーとして公言してはばからぬVCAである。

当時の企画制作室の安西氏がインタビューに答えている。

なぜあまりDカップ物を本数作らないかというのはですね。Dカップで、なおかつ顔もいいというこちらが納得できる素材がなかなかいないという事なんです。95〜100センチ以上のDカップの持つねちっこさを出す、Dカップマニアに受けるビデオ作りなら絶対他社に負けない自信はあります。（中略）うちの作るDカップビデオというのは、今この業界では異端児的な存在になると思うんですよ。他社のDカップ物とくらべた場合、ハードさは、少ないです。しかし、うちは、マニアの方にいかに受けるビデオを作るかだけを考えてこれからもいくつもりです。要するに、うちのDカップビデオは、Dカップのプロモーションビデオですよ。

マニア向けメーカーなのだということを強く意識した発言である。この記事が掲載された1987年は、既に他社からも多くの巨乳女優出演作が発売されていた。それらの作品ではハードな本番が売りになっていた（当時、巨乳女優は一段下に見られていたため、内容も過激に走りがちだった）。しかし、ヴイ・シー・エーは、セックスよりもおっぱいを見たいマニアックなユーザーへ向けた作りをしているのだと、宣言しているわけだ。

マニアのための店「ヴイ・レックス原宿」

ヴイ・レックス原宿がオープンしたのは、この『アップル通信』の記事が掲載された2年前の1985年である。ヴイ・シー・エーは、それ以前にも東池袋と上板橋に「サンビデオ」というセルとレンタルのショップを経営していた。

サンビデオは当時、ビデオの大手問屋だった童夢が経営していたレンタルショップのチェーンだった。しかし童夢が経営難からショップを手放すことになり、そのうちの2店をヴイ・シー・エーが買い取り、そのままの店名で経営していたのだ。

ヴイ・レックス原宿はヴイ・シー・エーにとっては3軒目のショップであり、初のセル専門店であり、通販広告と連動させるという実験を試みた店舗だった。

原宿になった理由は当時、佃氏が近くに住んでいて、たまたま物件があったからだという。

さて、なぜヴイ・レックス原宿が、巨乳、特撮、プロレスという全く違う3つのジャンルを取り扱うショップになったのか。それが社長の佃氏の趣味だったのだろうか？

「佃さんは、その辺は全く興味のない人でしたよ。もっと正統派の映画青年という感じでしたね。ヴイ・レックスで扱っていた商品は、完全にビジネスだと割り切っていたんだと思います」（福井氏）

確かに著書『淀川長治が遺してくれたこと』を読んでも、佃氏にサブカルチャー的な志向はほとんど感じられない。

では、なぜ巨乳、特撮、プロレスだったのか。その答えは意外なところにあった。

福井氏は語る。

「ヴイ・シー・エーは、もともと広告代理店だったんです。通販業務を始めてからも広告代理店業務は並行して行っていました。なので、出版社とは付き合いが深かったんですね。それでいろんな雑誌に広告枠を持ってたんですけど、専門誌というものがあって、そこには特定のファンがいるのだということがわかってくる。『バチェラー』という巨乳の専門誌があるということは、それだけの巨乳マニアがいる。そこに巨乳AVの広告を載せれば売れるし、編集部からユーザーの声も聴くことができる。ターゲットを絞った商売がしやすいわけなんです。『宇宙船』があったから特撮、『週刊プロレス』があったからプロレス。あと『丸』って戦記の専門誌もありましたから、戦記物のビデオも扱いましたね。まず専門誌ありきなんです。そこに広告を毎号載せれば、お店にも興味を持ってくれるだろうと。だから、もし『バチェラー』がなかったら、ヴイ・シー・エーは巨乳AVを作っていなかったかもしれませんね」

マニアにとって、専門誌が唯一の情報源であった時代ならではのエピソードだ。

90年代にザーメン物AVで大成功した松本和彦監督も同じようなことを語っている。

「(おれは)実はザーメンマニアでも何でもなかったんだよ。(中略)でも、当時、みよしさんがやってたザーメンマニア向けのエロ雑誌が実売で2万部だと聞いて、あっ、これは商売になるな、と考えたんだよね。その2万人のマニアを全部囲い込めれば凄いことになる」(『月刊ソフト・オン・デマンドDVD』2016年11月号　ソフト・オン・デマンド)

そして、ヴイ・シー・エーのその戦略は見事に成功したと言えよう。

ヴイ・シー・エーの失速と終焉

ヴィ・シー・エーは、その後も巨乳専門AVメーカーとして活動していくが、90年代に入るとさらにマニアックな方向へと進んでいく。巨乳を超えた『ザ・爆乳』というシリーズをヒットさせるなど、あくまでもマニアに寄り添う姿勢を続けた。

ヴィ・シー・エーというメーカーは、一般のAVファンの間では、あまり聞かれないものだったが、『バチェラー』を読むような巨乳マニアの間では、老舗メーカーとしてブランドを確立していた。

しかし90年代後半には問屋の倒産により多額の負債を負ってしまうなど、その経営は苦しいものになっていった。

１９８７年に独立して自身のメーカー、ビッグモーカルを立ち上げ、成功していた福井氏が支援するも、失速は止まらず規模の縮小を続けた。

「結局、ヴィ・シー・エーは時代に乗れなかったということでしょう。初期は通販と店頭販売だけで上手くいっていましたが、AVがレンタル全盛になった時にはそれに出遅れた。その後も、中途半端に通販や問屋業に力を入れていたのもよくなかったと思いますよ。AVはやはりメーカーが一番儲かるんです。他社製品を扱っていても利幅が薄い。それならメーカーとしてもっと力を入れればよかった。ただ、もっとセルで頑張っていれば、その後にセル時代が到来した時に、セル流通を制することができたかもしれませんけどね」（福井氏）

そして２００２年には制作を中止し、メーカーとしてのヴィ・シー・エーは活動を停止してしまう。その後も問屋として会社は存続したが、2004年に佃氏が亡くなり、2006年にはヴイ・シー・エーは終焉を迎えた。

高槻彰氏が、それまで制作会社であった自身の会社「シネマユニット・ガス」をAVメーカーとして再出発させたのは2004年のことだった。

過激なドキュメントなどの先鋭的な作風で知られた高槻監督だったが、「ガス」は爆乳専門を打ち出したメーカーだった。

「ヴイ・シー・エーで撮った作品の著作権があったんですよ。当時、ヴイ・シー・エーから『うちお金ないから、パーセンテージでやりませんか?』って言われてたんです」

つまり制作費は高槻側で持ち、販売をヴイ・シー・エーが行い、利益は折半するという形だ。そのため、作品の著作権は高槻氏の方にあったのだ。

「20タイトルくらいあったので、それをベスト版にして出したら売れたんです。爆乳はニッチで固いマニア層がいますからね。それで、爆乳路線で行こうと思ったんです」

ヴイ・シー・エーがなくなった後、巨乳専門のAVメーカーは他に存在しなかった。行き場をなくしたマニアの受け皿となったのがシネマユニット・ガスだったのだ。

「やっぱりヴイ・シー・エーは巨乳マニアの中では確固たるイメージがありましたからね。ガスとしては『ヴイ・シー・エーを超えるメーカーになるぞ』という目標がありました。でも、始めた時は大手のメーカーのプロデューサーに『なんで巨乳メーカーなんてやるの？』と言われましたね。そこまでユーザー層を絞りこんで売れるとは思われていなかったんですよ」

その後、２００８年には「OPPAI」「胸キュン喫茶」、２０１０年には「ボンボンチェリー」「まぐろ物産」（こちらは爆乳と言うより豊満体型に重心が置かれているが）などの爆乳専門メーカーが次々と誕生する。

ヴイ・シー・エーが80年代に蒔いた種子は、30年を経た今も生き続けているのだ。


かつてヴイ・レックス原宿があった雑居ビルは今も健在だ。調べてみると、物件には現在カフェが入っているようだった。

その店のサイトには「50～60年代をイメージした店づくりをしています。壁に貼られた写真は時代を彩った銀幕のスター、流れる音楽はオールディーズや昭和のフォーク。一歩店に入るとまるでタイムスリップしたかのようです。熱く輝いていたあの時代に包まれながら、美味しいお酒とお料理をお楽しみ下さい」と書かれている。

原宿駅竹下口を降りて、その店を訪ねてみる。その雑居ビルは確かに竹下口から徒歩一分という絶好の場所にあり、白い壁の小洒落た建物だった。他にはイタリアンレストランやインドレストラン、本格的なハンバーガーを食べさせる店などが入っている。こんなビルに巨乳専門店があったのかと思うと不思議な気持ちになる。

螺旋階段を上がって2階奥、かつてヴィ・レックス原宿が入っていた場所には、そのカフェの看板は掲げられているが、覗いてみると現在は倉庫になっていて、カフェとしての営業は行っていないようだった。サイトに掲載されている電話番号にかけてみると「おかけになった電話番号は現在使われておりません」という無機質なアナウンスが流れた。

第一章 巨乳をめぐる世界史

「巨乳」は古代から求められていたのか

女性の肉体の「美」の基準は時代によって大きく変化する。男性が好む「セクシー」な肉体は、いつの世も同じ、というわけではないのだ。

日本の巨乳の歴史を追う前に、まずは西洋、特に巨乳文化の中心であるアメリカでの変化を見ておこう。

先史時代から発掘された女性像は、どれも大きな乳房と腰回りを強調した豊満なものだ。これはエロティックな意味よりも、豊穣なるもののシンボルであったようだ。たくさん子供を産めて、たくさん母乳を出せる。そんな女性こそが理想であり、その願いを像に託していたのだろう。

古代ギリシアでは、肉体の美はむしろ男性に求められ、均整のとれた筋肉質な身体を競うように鍛え上げていた。

一方、女性の肉体は、柔らかな曲線を持った優美さが魅力的だと思われていた。ただし、当時の彫刻などを見ると、豊かな曲線を描いてはいても、あまり大きな乳房ではない。小さく「リンゴのような」乳房が好ましいと考えられていたのだ。

古代ローマ時代に入っても、男性の好む女性の身体つきは、肩幅が広く、尻がどっしりとしていて、そして胸が小さいというものだった。この洋梨に喩えられる体型は健康と多産を意味するものであり、そういう意味では（胸は小さいとは言え）先史時代から変わっていないとも言える。

中世ヨーロッパでは、キリスト教の影響が強く、性は淫らなもの＝悪という発想から、女性は性を感じさせない貧弱な肉体の方が尊ばれるようになった。巨乳は卑しいものとされていたのである。

女性の乳房は悪魔の器官と考えられ、胸の谷間は「悪魔の隠れ処」と呼ばれた。12世紀のモザイク画などでは、アダムとイブの物語を描いたものでも、イブの乳房は男性のように平らにされてしまったほどである。キリスト教美術で女性の乳房を描く時は、多くの場合は否定的な意味が含まれていた。

中世ヨーロッパを暗黒時代と呼ぶことがあるが、巨乳好きにとっては、正に暗黒の時代だったと言えよう。

これがキリスト教の支配から解放されたルネッサンス期になると、その反動から女性らしい肉体を肯定的に捉えられるようになり、ボリュームのある尻、さらには腹回りまでもふくよかであることが喜ばれた。しかし乳房に関しては、未だ、小さく、白く、リンゴのように引き締まって型くずれしていないものが美しいとされていた。

ただし、この頃に描かれた絵画の中には立派な乳房を持った女体も増えてきている。特に17世紀以降はそれが顕著だ。それは巨乳女性が多いオランダが力を持ってきたためだという説もある。

ブルボン朝第4代のフランス国王、ルイ15世も巨乳好きとして知られている。孫である後のルイ16世の元にオーストリアからマリー・アントワネットを迎える時でも彼女の胸の大きさばかりを気にしていたと言うエピソードは有名だ。

マリーがどれくらい胸が大きかったか確認していなかったという秘書官をルイ15世は怒鳴り飛ばす。

「この阿呆めが。女を見るならまず胸を、というのが鉄則ではないか」

しかしルイ15世の期待は裏切られることはなく、現れたマリー・アントワネットは15歳という年齢でありながら、コルサージュからはみ出そうなほど立派な胸をしていたという。

当時の記録によれば、その後、マリー・アントワネットは、身長158センチでバストが109センチ、ウエスト58センチという、まるでグラビアアイドルのようなナイスバディに成長したようだ。

コルセットからブラジャーへ

19世紀後半には、コルセットによって胴を思い切り引き絞った砂時計のようなプロポーションが人気を集める。それは決して自然には生まれることのない人工的に作られた異様な体型だったが、当時の西洋人はそれを美しく、セクシーなものだと受け取っていたのである。

　しかし、20世紀を迎える頃には、やはりそれは不自然なのではないかと異を唱え、自然のままの体型を美しいとするナチュラル派が復権する。

　そのきっかけはフランスのファッション・デザイナー、ポール・ポワレがコルセットを取り払ったドレス「ローラ・モンテス」（19世紀に資産家の男たちを渡り歩いた魔性の女性ダンサーの名前である）を発表したことだった。「女性の肉体をコルセットから解放しよう」とポワレは訴えたのだ。

　なにしろ、よりウエストを細くしようとコルセットで締め付けたことにより肝臓に肋骨が刺さって死亡するという事故まで起きていたのだ。医師たちはコルセットの害を訴えていたが、「コルセットをしない女性はエチケットに外れている」という風潮がそれを打ち消していた。

　新しいファッションの流行によって、コルセットが古臭いものであるという意識が一般的になり、ようやくそれは姿を消していったのである。

　コルセットは胴を締め上げるだけではなく、もうひとつの役割を持っていた。乳房を下から支えることだ。硬いコルセットの上に乗せられた乳房は押し上げられて、豊かに盛り上がって見えるわけである。

　コルセットに代わって、新たにその役割を求められたのがブラジャーだった。ブラジャーの原型は古代ギリシアのアルカイック期のアポデズムという乳房の下に巻かれた細布だと言われている。その後、幅の広い布で胸をすっぽりと覆い、乳房を持ち上げて支えるようになった。ヨーロッパでは、長いこと乳房がだらしなく揺れたり垂れたりするのは野蛮だとひどく嫌っていた。巨乳が喜ばれなかったのは、そうした面があるためだろう。

乳房を布で押さえたり、下から支えたりすることは、女性の嗜みだったのだ。コルセットやブラジャーが開発されて、人類は初めて巨乳の魅力に気づいたのである。

1889年の万国博覧会にカドル洋裁店の女性創業者エルミニー・カドルが「コルスレ・ゴルジェ」を出品した。これが現代のブラジャーの元祖的な存在だと言われている。コルセットのように下から乳房を持ち上げるのではなく、肩から紐で乳房を吊り下げるというアイディアが用いられた。

そして1913年にアメリカ人女性メアリー・フェルプス・ジェイコブが、2枚のネッカチーフと産着の帯紐を使って左右の乳房を分けて覆うブラジャーを発案、翌1914年に特許を取得する。その特許をワーナー・ブラザーズが買い取って商品化したことで、ブラジャーは一般に普及した。

男性の興味は脚から胸へ

コルセットが廃れた理由のひとつに第一次世界大戦の勃発がある。男たちが戦場へ出てしまったために、女性たちが働かなければならなかったのだ。働く女性たちにとって、窮屈なファッションは邪魔でしかなかった。女性たちはコルセットを捨て、長かったスカートの裾も短くなっていった。

イギリスでは1917年に初の女性警官が誕生し、フランスでは市街電車の女性運転手たちが働いていた。また戦場では女性の救護兵や看護婦が活動しやすい格好で任務にあたった。こうした動きが、新しいファッションの流れを生み出す。

髪を短く切り、ズボンを穿き、煙草を吸うなど、少年のような服装やふるまいをする彼女たちはギャルソンヌと呼ばれた。この時期には胸も小さい方が都会的で洗練されたものとされていたのだ。彼女たちは帯やゴム製のブラジャーで締めつけて胸を平らにしていた。

当時、女性の肉体のセクシーとされる部位は、胸よりも尻よりも、脚だった。それまで隠されていた脚が、少しずつスカートの丈が短くなるにつれ、露出し始めたのだ。第一次世界大戦が終わる1918年頃には、スカート丈は膝くらいまでに短くなり、男たちの目を楽しませた。

そして訪れた20年代は世界的にスポーツが発展した時代でもある。動きやすいファッションが好まれ、それは肌の露出面積を増やすことにもつながった。テニスの流行はショートスカートを生み出し、少女たちはコートの中で躍動する脚を惜しげもなくさらけ出した。

また、フランスで熱狂的な盛り上がりを見せたカンカン（フレンチカンカン）などのショーでも、露出された踊り子の脚に観客の視線は集中していたし、この時期に大きく発展していく映画産業の中でも女優の脚線美は強調されて撮られた。

アメリカでもこの時期は同じようにスレンダーで活動的な女性が美しいとされたが、20年代の終わりにはむっちりとした豊満な肉体がセクシーなものとなっていく。

最初に豊満な乳房の魅力をアピールさせたのがブルックリン出身のアメリカ女優、メイ・ウエストだ。

幼い頃から舞台に立ち、1926年に自ら脚本を書き、主演を務めた演劇『セックス』で注目を集める。そのセクシャルで過激な内容が問題となりウエストは逮捕されてしまうが、それが彼女の名を全米に知らしめるきっかけとなった。

その後、『夜毎来る女』(1932年)を始めとして映画にも出演。ウエストは、その時点で39歳と、決して若くはなかったが、大きく胸元が開いたドレスで豊かな乳房を惜しみなく披露し、観客を虜にした。アメリカに映画監視組織が作られたのは、良識派にとっては目に余る彼女の存在がきっかけだった。

また1930年にハワード・ヒューズ監督作品の『地獄の天使』に出演して一躍脚光を浴び、ハリウッドのセックス・シンボルの先駆けとなった女優ジーン・ハーロウは、そのグラマラスな肉体と妖艶な魅力で、男性たちの視線を「脚」から「胸」へと変えたと言われた。

拡大するグラマー幻想

1939年から始まる第二次世界大戦で、若い独身兵士たちがキャンプなどの生活の場で、壁にセクシーな女性のイラストや写真をピンで貼ったことから生まれたのが「ピンナップ」だ。ピンナップ・ガールたちは豊満な胸を強調した服装やポーズで男性を魅惑の表情で見つめる。やがてアメリカを代表するセックス・シンボル、マリリン・モンローがピンナップ・ガールの中からスターダムにのし上がっていく。肉感的なグラマー女優が女性の美を代表するようになったのだ。この時期に、胸の谷間（クリヴェージ）が新たなエロティック・ゾーンとして注目された。大きな乳房でなければ生まれないこのクリヴェージが、セクシーの記号となった。

モンローの先輩的な存在として、『紳士は金髪がお好き』（1953年）で共演したジェーン・ラッセルを忘れるわけにはいかない。彼女の銀幕デビュー作となる大作映画『ならず者』は、ジーン・ハーロウを売り出したハワード・ヒューズが製作・監督を手がけた。

1952年に『ならず者』が日本公開された際のプレスシートの解説を見てみよう。

『ならず者』はその原題の示す如くアウトロー（無法者）的な映画として、アメリカでセンセイションを捲き起こし、問題となった映画である。ハワード・ヒューズという世界的横紙破りの無法者が、ジェーン・ラッセルという無名の魅力を売り出すために、検閲にひっかかるぎりぎりの線の所まで肌もあらわに艶っぽい所を見せた点で有名な作品であり、

（中略）

まず主演女優に、数百人の候補者の中から最もグラマァ的なジェーン・ラッセルを選び出した。撮影開始が一九四一年、映画のメドはジェーン・ラッセルを百パーセント露出する事である。彼女にピストルを持たせて決斗をやらせ、凌辱させ、裸体になり、木につるされてごうもんを受ける場面を強調した。ラッセルの胸のあたりが露出的でないのが気にいらず、新たにブラウスをデザインさせたりした。彼は自分の見つけたスター、ジェーン・ラッセルの売り出しに全力を尽くし、海外に出征した兵士に、ラッセルのスチールを二十四　枚（原文一文字空き。二十四万枚？）もばらまいた。約百二十万ドルの金がジェーン・ラッセルの宣伝に使われたと称される。映画の全然まだ公開されない女優に対しこれだけの宣伝費、げにハリウッドにも前例がない。

『ならず者』はジャック・ビューテル演じるビリー・ザ・キッドの物語だが、この解説では徹頭徹尾、ジェーン・ラッセルのことにしか触れていないのが象徴的だ。

映画自体は1941年に撮影が終了していたが、アメリカの検閲当局は公開を許可しなかった。ラッセルの乳房が「戦時下にはあまりにも扇情的である」と判断したのである。するとヒューズは、ラッセルの胸元を強調したチラシ、ポスター、グラビアなどを大量にバラ撒いた。そのブロマイドは戦場の兵士たちにこよなく愛された。ラッセルはピンナップ・ガールの代表的存在でもあるのだ。

結局『ならず者』は1943年にようやく公開されるが、ラッセルに関する官能的な描写は大きな問題となり（実際には話題作りのために、広報が騒動を仕掛けたと言われている）、上映中止騒動にまで発展する。しかし、この映画によって、ジェーン・ラッセルはアメリカのセックス・シンボルとなった。彼女は「グラマー女優」「セクシー爆弾」と呼ばれるようになり、その豊かな乳房は、アメリカのみならず世界中の男性の性的嗜好に大きな影響を与えたのである。

フランス人の批評家はラッセルの巨乳を、こう評した。

「このアメリカの女優の胸の大きさといったら、とても形容する言葉がみつからない。張りもすごくて、授乳期ならともかく、ふつうならありえないほどだ」

その後、マリリン・モンロー、エリザベス・テイラー、ソフィア・ローレン、ジーナ・ロロブリジーダ、ジェーン・マンスフィールドなど、肉感的な女優が次々と登場し、銀幕を彩っていった。

ハリウッドのグラマー女優たちの映画はヨーロッパにも浸透し、豊かな乳房は世界共通のセックス・シンボルとなっていた。

この頃に定義づけられたグラマーのゴールデンサイズは、バストサイズとヒップサイズが同じで、ウエストはそれより10インチ（約25センチ）細いというものだった。バストがヒップよりも大きければ、なおよいとされた。

巨乳崇拝者ラス・メイヤー

50年代から60年代にかけてのアメリカはグラマーの黄金時代と言ってもいいだろう。１９５３年にヒュー・ヘフナーによって創刊された『プレイボーイ』は、たちまち大ヒット雑誌となり、グラビアに登場したモデル＝プレイメイトたちはそのグラマラスな肢体の魅力で世界を席巻した。

この時期には、『プレイボーイ』のようなハイクオリティなメンズマガジンだけではなく、ガーリー・マガジンやエクスプロイテーション・マガジンなどと呼ばれる粗悪な作りの男性向け雑誌も多数発行されていた。こうした雑誌のグラビアでは、例外なくグラマーな女性モデルがセクシーな肢体を披露していた。

そんな状況の中で１９５６年にフロリダで『ジェント』、そして１９５７年にサンフランシスコで『フリング』が創刊される。この2誌は、特に巨乳モデルに力を入れた編集方針を貫き、専門誌として長く巨乳マニアから支持されることになる。

全体的に豊満でありながら均整のとれた肉体を誇るグラマーから、特に胸の大きさに注目するという「巨乳」ジャンルの概念がこの頃生まれたわけである。

そうした「巨乳」をこよなく愛し、そして世界中の巨乳ファンから愛された監督がラス・メイヤーである。

第二次世界大戦ではニュースカメラマンとしてヨーロッパ戦線に従軍していたラス・メイヤーは、戦後にグラマーフォトのカメラマンとして活動を始める。この時期には『プレイボーイ』でも仕事をしている。

メイヤーは1954年に初の映画を撮影する。グラマラスなボディでカリスマ的な人気を誇ったテンペスト・ストームなど多くのダンサーのストリップ・ティーズが登場する『ピープショー』というショートムービーだった。この作品は大ヒットし、日本でも公開された。

続いてメイヤーは長編映画『インモラル・ミスター・ティーズ』を撮り、これも大ヒットを記録する。以降、『ローナ（邦題：肉体の罠）』や『マッドハニー』『ファスター・プッシーキャット！キル！キル！』などの作品を送り出す。

メイヤーの作品には、常にグラマーな巨乳女優が出演していたが、そうした嗜好に思い切りフォーカスしたのが1966年の『モンド・トップレス』である。ストーリーはなく、全編にわたってトップレス姿の女優たちが巨乳を揺らして踊っているだけという映画だ。

そして日本でも公開された『草むらの快楽』『女豹ビクセン』などをヒットさせていく。もちろんどの作品も並外れた巨乳女優が主演している。ラス・メイヤーの名前は巨乳映画の代名詞となっていた。

しかしこの時期、アメリカのポルノ映画は大きな転機を迎えていた。本番行為のあるハードコアポルノの登場である。

1972年に公開された『ディープスロート』、そして『ビハインド・ザ・グリーンドア』の大ヒットにより、アメリカは一気にポルノ解禁へと向かう。

ポルノはセックスの行為そのものの描写、そして性器描写を打ち出していき、観客の興味もそこへ向かっていった。30年代に脚から胸へと移った性的視線の対象が、今度は股間へと変わったわけである。

あくまでも巨乳にこだわり、そして本番行為のないソフトコアにこだわったラス・メイヤー作品は、時代遅れなものとなっていったのだ。

グラマーの失墜と復権

グラマー人気に陰りが見えるようになったのは、ポルノ業界だけではなかった。ファッションの世界では、もう少し早く時流が変わっていた。

60年代後半、イギリスのファッションモデル、ツイッギーに代表されるようにミニスカートとスレンダーな体型の組み合わせが先進的なイメージとしてもてはやされた。

フランスのデザイナー、イヴ・サン＝ローランは、それまで男性のものであったパンツを女性にも穿けるようにアレンジしたデザインを発表。女性のパンツルックが一気に広まっていく。

さらに、1970年にはアメリカのデザイナー、ルディー・ガーンライヒは、男性と女性が同じ服を着ようというユニセックス化を提案。それまでの「女性らしさ」のイメージが一気に変貌していく。

70年代に入ると、それはファッション業界の流行ではなく一般的な志向としてとらえられるようになった。豊満なボディはむしろ健康的ではなく、スリムで引き締まったスレンダーなボディこそが美しいのだという認識が広まる。

この頃に盛り上がったウーマンリブ運動と同期するように、乳房をブラジャーから解放しようというノーブラ運動も巻き起こる。そこで主役となったのは、ブラジャーがいらないような小さい胸だった。

また、それまでグラマー美女たちがグラビアを飾っていた『プレイボーイ』などの雑誌でも、「隣のお姉さん」的な親しみやすい普通っぽい女の子が人気を集めるようになっていた。

それまで美の象徴であり、男性たちから羨望の眼差しで見られていたグラマー美女は、前時代的な存在となってしまったのだ。

もちろん、急に巨乳好きの男性がいなくなってしまったわけではないが、グラマー美女たちの活躍の場は、ポルノ映画や場末のストリップ小屋に限られるようになった。

『ジェント』や『フリング』を追いかけるように巨乳専門誌も数多く創刊された。

つまり巨乳はポルノの枠に閉じ込められてしまったのだ。

ところが80年代に入ると、再び豊満な胸の時代がやってくる。女性の社会進出が本格化し、女性が女性であることを高らかに宣言するようなファッションが流行し始めた。

1981年のミラノ・コレクションでは、女性の身体のラインを際立たせるボディ・コンシャスというファッションが発表され話題となる。それは豊かな胸の形状を強調するものでもあった。巨乳の復権である。

以降、アメリカ人の巨乳信仰は根強い。『新潮45』（新潮社）2001年4月号掲載の「『巨乳信仰』にとりつかれたアメリカ人」というレポートには、90年代半ばに、人工乳房のメーカーが「卒業、クリスマスプレゼントに豊胸を」と女子高生などを対象に大々的な広告キャンペーンを展開したため、18歳以下の豊胸手術を受けた女性が約2倍に増えたという事例が紹介され、カリフォルニア州ハンティントンビーチの女子高生の「うちの学校では3年生の女生徒の多くが卒業プレゼントに豊胸手術を受けた」という証言も書かれている。豊胸手術がカジュアルになったとはいえ、女子高生たちにそこまで決意させるほど、巨乳はアメリカでは大きな価値を持っているということである。

豊胸手術の発展と破綻

ここで、アメリカの巨乳史にとっては見過ごすことのできない要素である豊胸手術の歴史にも触れておこう。史上初の美容豊胸手術を行ったのは、ドイツの外科医、フィンセンツ・ツェルニーだと言われている（その前にも乳がん患者に対する乳房再建手術は行われたことがあったらしい）。1895年に41歳の女性歌手の臀部に出来た良性の脂肪腫を乳房に移植した。しかし、移植された乳房はでこぼこして見栄えも悪く、しかもしばらくすると脂肪が溶けてしまい、この手術は失敗に終わった。

次に注目されたのはパラフィンを注射する方法である。当時、顔の変形を直す手術でパラフィンの注入が行われていたため、乳房にもそれが応用されたのだ。痛みも少なく簡単ということで、この方法は広がったが問題も多かった。日光を浴びると溶けてしまったり、しこりや腫瘍ができる、固くなったり変色するなどの症状が続出したのだ。そのため20年代には、パラフィンの注入は廃れてしまう。

しかし、なぜか第二次世界大戦後の混沌期の日本で「肉質注射療法」と呼ばれてパラフィン注入が流行し、やはり多くの被害者を出す結果となった。戦後まもなくのこの事件は、日本の美容外科の大きな汚点とされている。

そしてこの時期に日本で、もうひとつの物質が女性の乳房に注入されていた。それがシリコンである。

熱にも強く柔らかくしなやかなこの物質は、第二次世界大戦では飛行機エンジンの点火装置の断熱材や円滑剤として使われ、医学的にもカテーテルや血液バッグなどにも利用されていた。

それが米軍占領下の日本で米兵相手の娼婦の胸に注入されていたというのである。もちろん違法の医療行為だったが、巨乳を好むアメリカ人の気を少しでも惹こうという目的のために彼女たちは手術に挑んだのである。

このシリコン注入法は東アジア、そしてアメリカにも広がったが、やはりパラフィン同様、硬いしこりを作ったり、重い感染症を引き起こしたりと問題は多かった。

しかし60年代にアメリカで画期的な方法が生まれる。シリコン製の袋（バッグ）にシリコンジェルを詰めたものを乳房に埋め込むというものだ。これまでの方法に比べると安全性が高く、90年代初頭までにアメリカでは200万人、日本では2万人がこの豊胸手術を受けた。

しかし1991年、シリコンジェルによる豊胸手術によって不調を訴える患者が続出し、多くのメディアで報道される。症状は、疲労、関節痛、免疫疾患など多岐にわたった。

豊胸バッグの製造元であるダウ・コーニング社に訴訟が殺到した。その数は1995年の時点では50万件に及んだ。これがいわゆる「シリコンパニック」である。

翌1992年にはFDA（米国食品医薬品局）がシリコン豊胸バッグの使用停止を命じる。同年、日本でも厚生省が禁止を決定した。

ダウ・コーニング社は1995年に2万件の訴訟と41万件の賠償請求によって破産、倒産した。ダウ・コーニング社にとっては、豊胸用のシリコンの売上高は全体の1％未満に過ぎなかったという。そして、現在では豊胸手術と、患者たちが訴えた症状の因果関係は証明できないことが明らかになっている。

その後、シリコンの代わりに生理食塩水や、ゼリー状のシリコンやセーリン溶液を混合してバッグに注入する方法が開発される。

シリコン豊胸バッグが禁止された1992年以降、豊胸手術を受ける女性の数は、年間15万人から年間3万人程度に落ち込んだが徐々に回復。1999年には年間13万人まで増加し、FDAが新たなタイプのシリコンバッグを承認した2006年からさらに勢いを増し、2009年には年間30万人と、禁止以前の倍にまで豊胸市場は成長を遂げる。

アメリカのジャーナリスト、フローレンス・ウィリアムズは著書『おっぱいの科学』（東洋書林　2013年）の中で、豊胸手術の発祥の地であるヒューストンのクリニックを取材している。そこでこれから豊胸手術を受ける二人の患者と会話を交わすのだが、どちらも2児の母であり、男性の目を惹くために乳房を大きくしたいわけではないと言う。

夫が付き添いで来た20代のコートニーは、こう言う。

「誰かのためじゃなく、ただ自分のために。そうすれば自分にもっと自信が持てると思うから」

30歳で保険外交員をしているケイティは胸を大きくしたい理由をこう説明する。

「（胸を大きくしないと）仲間うちで肩身が狭いの。無言のプレッシャーを感じてしまって」

胸が大きくなくてはいけないという「巨乳信仰」はアメリカ人の男性にも、女性にも大きな影響を与えているのだ。

男性の目を惹く必要のない女性たちが、これほど「巨乳信仰」のプレッシャーを感じているのだから、男性へのセックスアピールが重要である立場の女性が、それ以上に巨乳に憧れるのは当然である。

整形巨乳があふれたアメリカのヌード

その最初期から豊胸手術を受ける患者には歓楽街で働く女性が多かった。その中でも一躍注目を浴びた女性がキャロル・ドーダだ。

1964年にサンフランシスコのノースビーチにあったナイトクラブ「コンドル・クラブ」で、ブラジャーを脱ぎ捨て、初めてトップレスで踊ったゴーゴーダンサーとして知られる女性だ。そのニュースは国際メディアのトップを飾るほどセンセーショナルに伝えられたと言う。

彼女は翌年、トップレスになったことにより、わいせつ容疑で逮捕されるが、裁判官はそのパフォーマンスを「社会的基準に則している」と判断。無罪となった。

そしてドーダはシリコン注射を44本も打ち、D75だったバストサイズをE110のカップにしたことでも知られている。その人工的に作り出された巨乳は大きな注目を集め、彼女はゴーゴースタイルのダンスや、天井から吊り下げられたグランドピアノ（油圧モーターで上下する！）の上で生演奏に合わせて踊るなどのパフォーマンスで人気者となった。

彼女の影響で、トップレスダンサーたちは競うように豊胸手術をしたと言う。

そして、この時期に全盛を誇った男性向け雑誌『プレイボーイ』や『ペントハウス』には、巨乳のヌードモデルたちが数多く登場しているが、そのほとんどが豊胸手術を受けていたと言う。

形成外科医として千人以上の女性の胸を手術したサンフランシスコのゲアリー・フリードマン医師はこう語っている。

「プレイメートの五人のうち四人はおそらく豊胸手術を受けているでしょう。あれだけ豊満で形のよいバストは自然なものでは無理です」（「『巨乳信仰』にとりつかれたアメリカ人」『新潮45』2001年4月号）

特に80年代後半からアメリカの巨乳を売りにしているストリッパーやヌードモデルの大半が豊胸手術をしているという状況になる。

整形手術を嫌う日本とは違い、アメリカ男性はそれほど豊胸による巨乳に拒否反応はないようで（後にナチュラルバストへこだわる動きも出てくるが）、ストリッパーやモデル、ポルノ女優たちは、現実離れした巨乳を人工的に手に入れていった。

ちなみに現在、世界最大の巨乳と言われているのはドイツのグラビアモデル、ビシャインだ。バストは160センチで生理食塩水が10リットルも注入されている（通常は0・1リットルから0・8リットル程度）。もともとのカップ数はBカップで胸が小さいことにコンプレックスを持っていて、度重なる手術によってこの世界一の巨乳を手に入れたのだと言う。

それまで世界一だったのが、ブラジル出身のシェイラ・ハーシーだ。彼女も何度も手術を繰り返し「世界一の巨乳」の称号を勝ち取ったのだが、感染症が発見され、それまでに注入したシリコンを摘出することとなった。しかし「世界一」の称号を失った彼女は極度の鬱状態に陥り、2ヶ月に2度の自殺未遂を図る。意識を取り戻した後のインタビューで、彼女はまた豊胸手術を受けて巨乳を取り戻したいと語っていた。

第二章　おっぱいは性的対象ではなかった

なぜ春画では乳房が描かれなかったのか

それでは日本で乳房がどのように扱われてきたかを調べようと思っても、そもそも日本には裸体画や裸体彫刻の文化がない。

評論家の加藤周一と画家の池田満寿夫の対談集『エロスの美学　比較文化講義』（朝日出版社1981年）では、この問題に対してイデオロギーの違いによるものだと語られている。

加藤　（前略）だけど、もともとそれほど、ギリシア的理想、アフロディテ的理想は、日本にはない。裸体それ自体が価値なんだという考え方はないわけだけど、一方から言えば肉体が罪だということもないでしょう。アフロディテを表すような伝統がないから、どうしても美しい裸体を表す必要もない。またキリスト教がないんだから、肉体を糾弾する必要もない。（中略）それは彫刻の上でどういうことを意味するかというと、やはりふつう見る人間は裸じゃないですね。お互いに会うときには着物を着ているんだから、着物を着ているときの状態がそのまま表現されることになる。

池田　わざわざ裸をつくった方が変なのですかね。

加藤　そうなんです。なにかとりたててイデオロギー上の葛藤というものがない。日本人は、裸はふだん見ないのだから、描かないでしょう。見なかったから描かなかったというだけの話で、まことに当り前の話です。

精神と肉体が結びついたものだとし、美の理想をアフロディテの肉体に求めていた古代ギリシア文化とも、肉体そのものが罪であるとするキリスト教の考えとも無縁な日本には、美術として裸体を描く必然性がなかったということだ。

では性的対象としての裸体はどうなのだろうか。日本のポルノグラフィといえば、春画である。

しかし、江戸時代に描かれた春画を見ていくうちに、男性器や女性器が巨大に、そして呆れるほどに精密に描かれているのに比べ、乳房がほとんど描かれていないという事実に気づく。

春画では、その大半が着衣のまま下半身だけめくってセックスに及んでいるために、乳房は描かれない。たまに、全裸だったり胸元から乳房が覗いていたりしても、その描写は極めてあっさりとしたものだ。簡素な曲線だけで膨らみは表現され、乳首すら描かれていないことも珍しくない。

そして乳房を愛撫している様子を描いた春画も、ほとんどないのだ。少なくとも春画の世界においては、女性の乳房は、性の対象としては見られてはいないのである。

ライター、編集者の橋本麻里が橋本治、赤間亮、早川聞多の3人に春画の楽しみ方を聞くという『浮世絵入門　恋する春画』（新潮社　2011年）では、「現在と違って乳房への関心が薄いことも不思議だ」という橋本麻里の問いに、橋本治はこう答えている。

橋本　近世までの日本人が乳房に関心が薄いのは、そもそも衣服の構造に理由があるのだと思います。浴衣ならともかく、襦袢を着て、その上に重ね着してさらに帯を締めていますから、襟元なんかがっちり固まっていて、手を差し入れる隙なんかありません。それより裾をまくってしまう方がずっと早いんです。

イスラエル生まれの古美術研究家であるオフェル・シャガンも春画で着衣セックスばかりが描かれている理由として、江戸時代ではそれが普通だったからと説明する。

それは現代人の目には奇妙に映るだろうが、現実に忠実であるだけではなく（江戸では、寒い時期が約半年間続き、日本のそのほかの地方では半年以上続くところもあった）、実際に多くの人が、衣服を着たまま性行為を行ったと想定してもおかしくはない。（『ニッポン春画百科 上巻』平凡社 2011年）

確かに、当時の木造家屋は気密性に欠け、隙間風が入ることが多く、冬は寒かったという面もあったようだ。

しかし日本の夏は高温多湿であり、裸同然の格好で仕事をしたり、町中を歩いたりすることも当たり前であった。それは男性だけでなく、女性にも当てはまったのだ。

幕末に日本を訪れた外国人たちは、日本人が半裸のままで日常生活を送っていることに驚いている。男性はふんどし一丁、そして女性も上半身裸という姿が珍しくなかった当時の日本人は、「裸は恥ずかしいもの」という意識の強い西洋人には衝撃的だったのだ。

そして、何よりも彼らを驚かせたのが、銭湯での混浴だった。幼い子供から老人まで、そして男女の区別なく、全裸で同じお湯に浸かっている光景は、「醜い」「嫌悪すべき」と彼らの目には映ったようだ。

日本人にとって裸体は顔の延長だった

ノンフィクション作家・中野明の『裸はいつから恥ずかしくなったか　日本人の羞恥心』（新潮選書　２０１０年）は、当然のように混浴をしていた日本人が、どうして現在のように裸身を隠すようになったのか、その変遷を追った本だ。

中野は幕末から明治初期にかけて日本を訪れた外国人たちの記録から、銭湯での混浴や外から丸見えの庭で行水する女性への驚きを拾い出していく。外国人が、銭湯の中に入っていっても、あるいは裸で行水する姿を眺めていても、彼ら彼女らは少しも恥じらわない。

「男も女もおたがいの視線にさらされているが、恥じらったり抵抗を感じたりすることなど少しもない」

「あらゆる年齢の男や女、少女や子供が何十人も、あたかもお茶を飲むかのように、周りのことなど気にせずに、立って自分の身体を洗っている」

「愛らしい少女が家から裸であらわれて、家の前約一二フィート（三・六メートル）のところにある長方形の桶の風呂に行く途中、彼女とぶつかるのを避けようとして、私は立ちどまった。彼女は顔を赤らめもせずに私の横を通りぬけ、雄鹿のようなすばやさで風呂にとびこんだ」


この外国人たちの視線は、現代の我々の視線と同じだ。現代の日本人から見ると、全裸であることを全く恥ずかしがらない彼ら彼女らは、異様に見える。

それは裸体を見ることが性欲を喚起する、つまり裸体がセックスに結びつくと考えているからだ。男性が女性の裸を見れば劣情をもよおし、女性は恥じらう。それが当然の反応だと現代の日本人は思うだろう。

しかし、当時の日本では、女性が裸を露出していても、貞操が危うくなることはなかったのである。

中野は、こんなエピソードを紹介している。

一八六六（慶応二）年に来日したイギリス公使館員アルジャーノン・バートラム・ミットフォードは、日本で行われている混浴について、ある日本の紳士と話す機会があったと回想する。ミットフォードはその人物に対して、「西洋人は男女が一緒に入浴するのは不道徳な行為と考えている」と進言した。するとその人物は「しかし西洋人というのは、何と好色な心の持ち主なのだろう」と肩をすくめたという。（『裸はいつから恥ずかしくなったか』）

当時の日本人は裸を見ても性欲に結びつかなかった。中野は、その理由として、当時の日本人は、裸体をあたかも「顔」の延長、あるいは「顔」と同じようなものだと考えていたのではないかと仮説を立てている。顔は露出していても当然であり、それ自体は恥ずかしいものではないが、理由なくジロジロと眺めてはいけないという不文律がある。だから、銭湯の中で他人の裸をジロジロと見つめたりはしない。美しい顔もあれば、そうでない顔もある。好みの顔もあるだろう。だからといって、顔だけ見て、それをセックスに結びつけるのは、失礼な話だ。当時の日本人にとっては、裸身を見て性欲を感じる西洋人の方が、好色な精神の持ち主だと思ったのだろう。

男性も女性も肉体は同じ？

では、なぜ日本人は裸体自体をエロティックなものと感じなかったのだろうか？

日本美術史や江戸文化論を研究しているイギリス人学者のタイモン・スクリーチは、かつての日本においては医学的に男女の肉体の外見上の差異は重視されていなかったことを指摘している。


日本を含め漢方を用いるどの国でも、内的な差が大いにあげつらわれる一方、外的なそれは大して問題にされなかった。春画もこの典型で、男の体も女の体も生殖器以外は同じものとして扱いがちである。女性の乳房さえ軽い扱いで、ましてフェティッシュ化などしない。春画が唯一性的関心を惹く場として描く部分は乳首だが、これだって男性身体にもある部位である。（『春画　片手で読む江戸の絵』講談社選書メチエ　1998年）

確かに春画に限らず、浮世絵では男女の顔もはっきりとは描き分けられていないし、体型もそれほど変わらない。男性も女性と同じような柔らかな線で描かれ、強さ、たくましさを強調するようには表現されていない。

当時の日本人の目には、生殖器以外の男女の差、つまり第二次性徴はさほど重要なものだとは映っていなかったということだ。実際に栄養事情の問題などから、男女ともに肉体の発育が十分ではなかったこともあったかもしれない。

これは、江戸時代までの日本では、同性による性交が特別視されていなかったこととも関連が伺えるが、本書の主題とはズレるので、そこまでは踏み込まないでおこう。

春画において男女の違いは、身にまとっている衣服や装飾具、そして大袈裟なまでに細部まで描写された生殖器そのもののみで描き分けられているのである。

当時の男性は、女性の肉体そのものを視覚的に楽しむということにはあまり興奮せず、もっぱら行為そのものに興味が向かっていたということを示しているのではないだろうか。

スクリーチは、西洋の裸婦美術と春画との違いについて、こう述べている。

　生殖器を隠したところで、西洋人の頭の中では身体のすべての部位がジェンダー表現となっていて、肩や、ふくらはぎや、尻で十分だった。

　男女がこれほど全面的に二極化されぬまま、身体外部の特徴を大部分共有すると考えられていた日本では、そうした感覚はなかった。江戸の身体観は外に現れたほとんどの部位に何の性限定性も与えず、つまり裸の皮膚が形づくる形態にほとんど何のエロティックな価値も与えなかったのであって、そうなるとエロティックのアーティストにしてみれば、それらを描いてみても仕方がないのである。（中略）肌はなるほど触れて気持ち良くはあるが、男女身体の曲線やへこみ具合が両性で同じとされていては凝視には媚びてはこない。

（『春画』）

男も女も、生殖器以外は肉体的にあまり変わらないならば、それを見ることに性的興奮は発生しない。したがって女性の全裸にはポルノ的な価値はない。乳房に限らず、艶やかな曲線といった女性ならではの肉体の魅力も、この時代においては意味を持たなかったのである。

これは加藤周一と池田満寿夫の対談で語られたイデオロギーの欠如による日本人の裸体そのものへの無関心ともつながるかもしれない。

浮世絵や春画においては、男女の区別は誇張されて描かれる生殖器以外は、髪型や服装、装飾具などによって行われている。衣服を身に着けて初めて、女性の肉体は男性にとって興奮の対象となるわけだ。

これは現代におけるコスプレフェチに近いものがないだろうか。セーラー服や制服などの様々なコスチュームを着た相手に対して興奮するフェティシズムだ。いや、コスチュームに限らず、パンティストッキングやTバックなどの下着類を着用した女性じゃないと興奮しないという男性も少なくない。

AV通販サイトなどの視聴者レビューを見ていると、こうした嗜好のユーザーが「ここで全部脱がしてしまったら台無しじゃないか。この監督はもっと勉強すべき」などと辛辣に批判していることがよくある。

江戸時代の日本人には、これが普通だったと考えればいいのかもしれない。着衣のままのセックスこそが当たり前だったのだ。

愛撫されなかった乳房

とはいえ、当時の日本人男性が女性の肉体そのものに全く興味がなかったわけではない。喜多川歌麿や鈴木春信、渓斎英泉などの絵師は、好んで乳房を描いている。

橋本治は『性のタブーのない日本』（集英社新書　２０１５年）で春画において乳房が描かれない理由をさらに深く考察している。

喜多川歌麿は、浮世絵最高のオッパイ画家と言ってもいいでしょう。日本女性の肉体表現を完成させたのは歌麿で、絶頂期の彼の作品の女性達は、着物の上からでもその肉体の豊かさを歴然とさせていて、肉体美を抹消するような着物の美の中から女の肉体を再生させています。（中略）当然、歌麿も春画を描いていますが、そこで大人の男はオッパイを吸ったりいじったりをしていません。オッパイを吸うことは子供のすることだから、大人の男は吸わないし、揉まない」（『性のタブーのない日本』）

その証拠として、橋本は浮世絵では乳首や乳輪に色を付けていないことを挙げる。春画では、女性器の内側は赤く着色されているし、唇にも淡い紅がさされている。それなのに、乳首には色がなく、「肌と同じ白のままで、そこに墨の描線で〈小さな把手のようなもの〉が描かれているだけ」なのだ。

少し後の時代の絵師である渓斎英泉にも同じことが言える。上半身丸出しのもろ肌脱ぎで前かがみになり濡れた手拭いで首筋を拭いている女性を描いた「大磯駅」という東海道五十三次を描いたシリーズのうちの一点に橋本は注目する。

この絵では、豊かな乳房はもちろん両腕の付け根の黒々とした腋毛も丸見えになっているのだ。

しかし、面倒な腋の下の茂みを描きつつも、乳首には色を付けない。

乳首に色を載せるということは、「ここになにかある」ということを教えてしまうことです。でも、女性器の内部に彩色することを当たり前にした日本の浮世絵師達は、乳首や乳輪に着色をしないのです。ということは、「そこには特別ななにかはない」と、近代以前の日本人の多くは思っていたということになるはずです。

かつて、日本の男にとってオッパイというものは、子供がむしゃぶりつくものであって、大人の男がしゃぶったり揉んだりするものではなかった。（中略）オッパイに関しては「大人と子供に関する見えない一線」があったということでしょう。（『性のタブーのない日本』）

歌麿らの乳房への執着をマザー・コンプレックスから来るものという見方も根強い。乳房はあくまでも乳児のためにあるものであり、母性の象徴（＝セックスとは無縁のもの）という概念が江戸時代には一般的だったのだ。

江戸時代を舞台にした小説を多く手がけ、当時の性愛についても精通している作家の永井義男は、江戸時代のセックス描写について、こう語っている。

物語においても、男女が抱き合うと男の手はすぐ股へ向かう。乳房をまさぐるという描写はほとんどありません。（『サイゾー』２０１６年４月号）

江戸時代に数多く刊行された、今で言うセックスハウツー書の中でも、乳房への前戯に触れているものは、ごくわずかだと言う。

そして、艶本の中でも女性の側から乳房や乳首への愛撫を求めるくだりは、皆無なのである。

当の女性ですら、そこが重要な性感帯であることに気づいていなかったのだ。

江戸時代の乳房は、性の対象でもなく、愛撫されることのない部分だったのだ。

おっぱいを表現する言葉は「乳」のみ

永井義男が江戸時代に使われていた性に関する言葉を収集した『江戸の性語辞典』（朝日新書　2014年）を見ると、女性器に関する言葉は「ぼぼ」「つび」「穴鉢《あなばち》」「空割《そらわれ》」「蛸《たこ》つび」「さね」など、実に31語が掲載されているのに対して、乳房に関してはわずかに「乳」のみである。当時の性の対象としての乳房への興味の薄さがはっきりとわかる。

ロミの『乳房の神話学』（角川ソフィア文庫　2016年）の翻訳者である高遠弘美も同書の文庫版の解説で「性愛のおおらかだったはずの日本古典文学では、性愛の重要な器官たる乳房に対して、不当な冷遇をしていたのではないかと思われるほどである」と嘆いている。

ちなみに「おっぱい」という言葉も、少なくとも江戸末期にはあったらしい。戯作者・笠亭仙果の考証随筆『於路加於比《おろかおい》』には、「おっぱい」という言葉が取り上げられ、その成り立ちは「おおうまい」が縮まったものだと書かれている。つまり、この場合のおっぱいは母乳のことを指し、乳房のことではない。

風俗史家・井上章一の「『乳』と『おっぱい』」（『性欲の研究　エロティック・アジア』収録　平凡社

2013年）は、「おっぱい」という言葉の使われ方について追跡したテキストだ。

井上は日本の古典文学で「おっぱい」という言葉は『於路加於比』以外には見当たらず、明治時代でもほとんど使われていないと報告している。国語辞典でも「おっぱい」が登場するのは、1955年に刊行される『広辞苑』初版まで待たねばならないようだ。ここでは「〔児童語〕乳。また、乳房」と書かれ、「おっぱい」が母乳だけではなく、乳房も表す言葉になっている。

乳房を「おっぱい」と呼ぶようになったのは、終戦後の1940年代後半のことで、当時流行したストリップ興行を取り上げた記事などでも盛んに「おっぱい」という言葉が使われている。

井上はさらに戦前の1936年の小栗虫太郎の小説『二十世紀鉄仮面』の中で、スペイン船の船乗りが、かつてマルセイユで働いていたという娼婦に対して「オッパイちゃん（ニ・テッションとルビ有り）」と呼ぶ台詞を発見している。この時期にも、胸の大きい女を「オッパイちゃん」と呼ぶ流行があったのかもしれない。

いずれにせよ、大きな乳房を魅力的なものと見る感覚は海外の文化だったということも、ここから読み取れる。

貧乳が美人の条件だった

話を江戸時代に戻そう。

江戸時代前期から中期にかけて活躍した浮世絵師の西川祐信の『繪本百人美女』の中に美女の条件を列挙した「美人三十二相説」が書かれている。

「眼露相《がんろのそう》」（眼は梅雨のごとくしっとり輝いている）「綿包腿相《めんほうたいのそう》」（内腿は綿のように柔らかい）などと、顔や身体の各部について、こうあるべしという理想が並べられている。

これを見ると、江戸時代の男性も、やはりそれなりに女性の肉体についてこだわりを持っていたのではないかと思えるのだが、それでも現代の感覚とは、かなり違う。

キュッとくびれたウエストではなく、「風柳腰相《ふうりゆうようのそう》」（腰つきは風に揺れる柳の葉のように）、つまり細くしなやかな柳腰が好まれているし、「李満踵相《りまんしようのそう》」（踵はスモモのように丸く、ほの赤く）と踵の色にまで言及するこだわりは奇妙にさえ感じられる。

中でも、ひときわ異を感じるのは、胸に関する項目だ。「雪色平胸相《せつしよくへいきようのそう》」、つまり胸は平らで雪のように白いのが美女の条件だというのだ。

巨乳どころか、貧乳がよしとされていたわけである。

西川祐信は美人画の人気作家であり、彼の考えた美人の条件は、当時の大衆の一般的な基準だったと考えてよいだろう。

また江戸時代中期の雑俳撰集『武玉川』六編には、

つかめハ消へる　傾城の乳

という句が収められている。つかんだら消えてしまうような可憐な小さな乳房を讃えた句だと言われている。こうした句が詠まれるほど、江戸時代では貧乳は愛すべきものだと考えられていたわけだ。

この貧乳主義は、中国でも同じだったようだ。西洋文化が流入する前の中国では、やはり日本と同じように、乳房へ対する関心は薄く、文学や絵画の中でも言及されることはほとんどなかった。たまにあったとしても、「小さい乳房」がポジティブな表現として使われていた。

これがインドになると、豊満な乳房を魅力的なものとして描いた文学や絵画が数多くみられるので、乳房への無関心及び貧乳嗜好は、東アジアの特色だと言えるのかもしれない。

巻き起こった裸体画論争

200年以上にわたって鎖国していた日本が、開国すると一気に西洋文化が流入してきた。軍事技術や建築、政治から食生活に至るまで、それまでの日本とは大きく異なる文化や思想が輸入された。

美術もそのひとつだった。数多くの学生がヨーロッパに渡り、西洋美術を学んだ。

薩摩藩出身の黒田清輝は1884年に渡仏。当初は法律を学ぶための留学であったが、パリで美術の現場に触れたことで画家に転身する。フランス人画家ラファエル・コランに師事した黒田は、1891年に「読書」でフランス芸術家協会主催のサロンで入選、さらに1893年に「朝妝《ちょうしょう》」で国民美術協会のサロンに入選を果たす。

そして帰国した黒田は、西洋美術の教育者としても活動し、日本の近代美術の発展に大いに貢献することとなる。

その過程で、社会との軋轢を生んだのが、裸体画の扱いだった。1895年に黒田が第4回内国勧業博覧会に出展した「朝妝」が論争を巻き起こしたのである。

朝の身だしなみを意味する「朝妝」は、鏡に向かう全裸のフランス人女性を描いた裸体画だった。これが問題となった。

複数の新聞が「朝妝」を猥褻だと非難したのである。

「嗚呼何ぞ醜怪なるや、裸体画果たして美術の精粋を現はすものか」（都新聞）

「今は此画の巧拙を議するものなくして、只貴重なる内国勧業博覧会に一汚点を付したりと評するものあるのみ、汚点たらば撤去するに如かざるなり（後略）」（日出新聞）

多くの新聞が「朝妝」、すなわち裸体画展示に反対という姿勢を示した。

そもそも事前に博覧会側が警察に問い合わせたところ、展示は見合わせるべきだという回答がされていたと言う。

「朝妝」が日本で展示されたのは、これが初めてではなく、前年の1894年にも明治美術会第6回展にも展示されているが、この時は大きな問題となることはなかった。

これは内国勧業博覧会が美術のみの展覧会ではなく、100万人以上が押しかけた大規模なイベントであり、その中での展示であったことが大きいだろう。美術を学んでいない当時の一般の日本人にとって、裸体画が「芸術である」という概念は全く理解できないものだったのだ。

禁じられた裸体

元号が明治に変わり、江戸が東京と改称された1869年、政府は混浴や春画などを禁止した。さらに1871年には、裸で公共の場に出ることを禁じる「裸体禁止令」が発令される。

これはすべて外国の目を意識したものだった。男女共に裸体は猥褻なものという意識が薄かった日本の感覚は、西洋の目には「野蛮」なものと映っていた。それを問題視した政府が慌てて対策を行ったのだ。

取り締まりは厳しく、日本人は裸を隠すようになっていく。そして、急速に裸身は「猥褻なもの、恥ずかしいもの」だという認識が日本人の間に広まっていった。

それが「朝妝」の裸体画論争が巻き起こる、わずか二十数年前の出来事である。四半世紀で、日本人の裸体に対する意識は、完全に「西洋化」していったのだ。

しかし、西洋の美術においては人間の身体を美しいものだとする前提があり、第一章でも触れたように裸体画は美術の中でも重要なジャンルとなっている。また裸体デッサンは絵画を描く上での基礎であり、後に黒田は日本の美術界にこれを定着させるために尽力している。

パリで美術を学んだ黒田にとって、裸体画は決して避けることのできないものであったし、まして「朝妝」は国民美術協会に認められた自信作である。

結局、同博覧会審査総長である九鬼隆一の判断により「朝妝」は撤去されることもなく、展示は継続された。ただし天皇が博覧会を訪れた際には、布がかけられて隠されたと言う。

一方では「西洋では裸は猥褻だから露出するな」と言い、その一方では「西洋では裸は美しいものだ」と言う。

もともと肉体そのものへの関心が薄い日本人にとっては、その感覚はなかなか理解できないものだった。裸身を描いた絵といえば春画であり、それを法律で禁止しておいて、内国勧業博覧会という国家を挙げてのイベントで女性の裸身を堂々と展示する、それは矛盾だとしか考えられなかった。以降、裸体画や彫刻などに対しての取り締まりは厳しくなっていく。

1897年に黒田は3枚の連作による大作「智・感・情」を発表する。これは日本人をモデルにした最初の油彩の裸体画として知られているが、実際にはモデルの体型を大きく修正し、西洋の女性に近づけた理想のプロポーションとして描いていているようだ。

本作は第二回白馬会展に出品され、一般公開されたが、この時、警察が動くことはなかった。しかし、「智・感・情」を掲載した美術誌『美術評論』（画報社）は、発売禁止とされてしまう。

腰巻事件が浮きぼりにしたもの

１９０１年、警察は裸体画に対して本格的な取り締まりを行う。上野で開催された第六回白馬会展において、黒田清輝は「裸体婦人像」という油彩の裸体画を出品した。これは１９００年から１９０１年に再渡仏した際に制作された作品であり、日本髪を結ったフランス人女性が足を崩して座っている全裸の姿を描いたものだ。全体的に豊満であり、特に下半身のボリュームが目を惹く。

ところが展示にあたって、この下半身が隠されてしまったのだ。

警察は「裸体婦人像」を始めとする裸体画を「著しく風紀を乱すもの」として、特別室での鑑賞という制限を求めた。しかし、黒田と白馬会はあくまでも一般観衆への公開にこだわったのである。

その妥協案として考え出されたのが、裸体画の下半分を海老茶色の布で覆うというものだった。絵画には布が巻かれ、描かれた裸婦の腰から下は隠された。これが腰巻のように見えたことから、「腰巻事件」と呼ばれ、話題となった。日本の美術史においても、必ず語られる重要な出来事である。

ここで注目したいのは、隠されたのが下半身のみだったという事実だ。猥褻として隠されたのは下半身であった、ということは裸の上半身、すなわち乳房は猥褻ではないと判断されたわけである。

ここに江戸時代から続く「乳房蔑視」を読み取ることはできないだろうか。春画では、乳房は性的興奮をかきたてる部所ではなかったために、描かれることはなかった。そして今度は乳房は性的興奮をかきたてる部所ではないために隠されなかった。

生殖器以外に男女の肉体の差異を意識しなかった江戸時代の日本人は、生殖器にのみエロスを感じた。その意識は根強く日本人に残ったのだ。

それは猥褻とそうでないものの境界線を、局部のシンボルである陰毛そのものに求めていた1980年代までの基準にも見て取れるし、21世紀を迎えた現在でもその境界線は局部の露出度にある。

ペニスと膣という生殖器のみを重視し、第二次性徴にあまり性的興奮を求めないという江戸時代以前のエロス観は、長く日本人を縛りつけているのだ。

豊かな乳房の魅力を日本人が発見するのは、まだずいぶん先のこととなる。

第三章　グラマーの襲来

肉体女優の出現

昭和初期にも「エログロナンセンス」と呼ばれた扇情的、退廃的な文化が盛り上がった時期があった。

性に関する出版物が数多く出回り、性的なサービスを売り物にするカフェや、セクシーなダンスを見せるレビュー小屋も次々と作られた。性的には無邪気で開放的だった江戸時代とはまた違ったエロティックな文化が花開いていたのだ。

しかし1931年の満州事変を機に日本には軍国主義が台頭し、こうした風潮は弾圧され、消えていった。

そして1945年に終戦を迎えると、日本には欧米の、特にアメリカの文化が一気に押し寄せることとなる。

価値観、食生活、娯楽……。日本人は敗戦国の国民として複雑な思いを抱きつつも、アメリカの文化を貪欲に吸収していった。

その中に映画もあった。おりしもアメリカは50年代のグラマー黄金期へ向かっている時期でもあった。きらびやかなハリウッドの世界と魅惑的なスターたちに、日本人は幻惑された。日本人の男性は、そこで肉感的な女体の魅力に、初めて気づくことになる。

最初に強烈なインパクトを与えたのはアメリカ映画ではなく、1952年に日本公開されたイタリア映画『にがい米』（ジュゼッペ・デ・サンティス監督　1949年製作）だった。映画自体はイタリアの農民の苦しい生活を描いた社会派作品だったが、農家の女性を演じた当時18歳のシルヴァーナ・マンガーノのはちきれんばかりの肉体美が話題となった。

公開当時の日本版ポスターには「凄まじい肉体迫力！女の体臭と官能にぶち抜くイタリア映画」というキャッチコピーが躍り、シルヴァーナ・マンガーノの名前の上には「イタリアの原爆女優」といういささか不謹慎なニックネームがつけられている。マンガーノのダイナミックな肉体をアピールするには、それほどの表現が必要だったということだ。豊満な胸だけではなく、たくましい太もも、そして勇ましい腋毛なども、日本男性の心に深く突き刺さった。

この年には、1941年に作られたものの、扇情的すぎるとして公開が延期されたジェーン・ラッセル主演の『ならず者』も日本公開されている。ラッセルの主演作は既に1949年にも『腰抜け二挺拳銃』が公開されており、その豊満な胸の谷間の魅力は、多くの男性を虜にしていた。

当時はこうした官能的な魅力に溢れた女優たちを「肉体女優」と呼んでいた。1947年に田村泰次郎が書いた戦後初のベストセラー小説『肉体の門』に由来する名称である。焼け跡となった東京を生き抜こうとする娼婦たちの姿を描いたこの小説は、舞台化や映画化により大きな話題となり、「肉体」という言葉がちょっとした流行語となった。

当初は、肌を露出するなどで色気を売り物にしている女優を「肉体女優」と呼んでいたが、次第に肉体的魅力のある女優を意味する言葉へと変わっていった。
『実業の日本』（実業之日本社）１９５６年9月1日号の「肉体女優お色気診断」という記事では、戦後10年に活躍した肉体女優を振り返っている。まず名前が挙げられているのが、やはりジェーン・ラッセルとシルヴァーナ・マンガーノの二人だ。

続いてはマリリン・モンローとマルティーヌ・キャロル。この二人については「日本の女性なみに小柄で、むっちりと可愛い。ラッセルやマンガーノが生命とした強烈さなど、クスリにしたくも見当たらないのである」と評し、同時期にオードリー・ヘップバーンが人気のあったこともあわせ、戦後も長くなると男性の嗜好もおとなしくなってしまうのかと嘆いている。

この他には、ジナ・ロロブリジタ（ジーナ・ロロブリジーダ）、ソフィア・ローレン、ロッサナ・ポデスタ、マリナ・ヴラディ、ブリジット・バルドオ（バルドー）、マガリ・ノエルなどの名前が挙げられている。

日本初の巨乳アイドル

日本人女性も負けてはいなかった。

終戦からわずか2年後には、早くもストリップが誕生している。諸説はあるが、１９４７年初頭の東京・新宿の「帝都座」で、女優の甲斐美春が半裸になり、額縁の中で名画に見立ててポーズを取る「額縁ショー」を日本のストリップの原点とするのが一般的だ（前年に浅草の「千代田館」での女剣劇の中で乳房を見せていたり、池袋のアバンギャルド劇場が全裸レビューを行っていたのを元祖とする説もある）。

これが爆発的な人気を集め、同年には今なお現存する「浅草ロック座」なども誕生。ヌードを売りにするショーが人気を集め、人気の性風俗雑誌の誌名にちなんで「りべらるショー」と呼ばれた。

1950年にデビューした川口初子は、ストリップに出演する以前から「オッパイ小僧」と呼ばれる人気のヌードモデルだった。

少女の時分から人並み外れて乳房が大きかったという彼女は家庭が貧しかったこともあり、15歳にして画家の裸婦モデルとして仕事を始める。当時の日本人女性としては珍しいその豊満な体型は話題となり、多くの大物画家のモデルとして引っ張りだことなり、「オッパイ小僧」の愛称で呼ばれるようになる。洋画家・安井曾太郎が描いた彼女の裸体画が雑誌の表紙となるなど、モデルとしての名声もあがっていったが、窃盗や寸借詐欺の常習犯であり、18歳の時に逮捕されてしまう。その時の身元引受人は、洋画の大家である東郷青児だった。

この顛末は『月刊読売』（読売新聞社）1950年4月号で「オッパイ小僧と東郷画伯」という記事になるなど、ちょっとした話題となった。

そして、その後、川口初子はストリッパーとして人気者となるのである。

性風俗研究家の高橋鐵が、美しい女性の肉体について分析した『裸の美学　女体美を探求する』（あまとりあ社　1951年）は、ふんだんにヌード図版を掲載した本だが、この中にモデル時代の川口初子の全裸写真もある。なんと妊娠中だったということで（逮捕時も妊娠中だった）普段よりも乳房が大きくなっていたようだが、確かに現在でも巨乳として通用するようなボリュームであり、形も美しい。Gカップくらいはあるのではないだろうか。

巨乳で人気を博したモデル、ストリッパーということで、「オッパイ小僧」こと川口初子は、日本最初の巨乳アイドルだと言ってもいいのかもしれない。

この時期には、春川ますみ（メリー・ローズ）、ジプシー・ローズ、吾妻京子など大きく美しい乳房を持ったストリッパーが人気を集めていた。

ストリップ記者として40年以上のキャリアを持つ、みのわ・ひろおは『日本ストリップ50年史』（三一書房　1999年）の中で1950年から、ストリップの注目が「特出し」に移る1960年までの10年間を「オッパイ全盛時代」と呼んでいる。

大きな乳房がセックスアピールとなる時代がやってきたのである。

国産肉体女優たち

日本の肉体女優の元祖的存在と言えるのが京マチ子である。

大阪松竹少女歌劇団（現・ＯＳＫ日本歌劇団）を経て、１９４９年に大映に入社し、女優デビューを果たした京マチ子は、黒澤明監督の『羅生門』でヴェネツィア国際映画祭グランプリ、吉村公三郎監督の『源氏物語』でカンヌ国際映画祭撮影賞、衣笠貞之助監督の『地獄門』でカンヌ国際映画祭グランプリ、そして溝口健二監督の『雨月物語』でヴェネツィア国際映画祭銀獅子賞と、主演作が海外の映画祭で次々と賞に輝いたことから、「グランプリ女優」との異名を取った、押しも押されもせぬ大女優である。

その一方で身長１６０センチという当時の日本人女性としては大柄で豊満な体型を活かしたセクシャルな役でも活躍。その妖艶な官能美は多くの男性を魅了した。

１９４９年に映画倫理規程管理委員会（旧・映倫）が設立され、映画の内容についての自主規制がなされるようになるのだが、映倫が定めた「風俗」と「性」の条項に抵触し、規制を受けた国産映画の第１号は、京マチ子主演の『痴人の愛』（木村恵吾監督　１９４９年）であった。デビューしたての京マチ子の誘惑シーンが問題となり、数ヶ所がカットされている。裸を露出していたわけではないが、当時の感覚としては、それでも彼女の肉体はあまりにセクシー過ぎたということなのだろう。

しかし日本映画はその後、少しずつ性表現を進めていく。

１９５３年公開のフランス映画『浮気なカロリーヌ』（ジャン・ドヴェヴル監督）などの洋画では、既に全裸シーンが国内でも上映されていたのだが、日本映画初の全裸シーンとなると、１

956年公開の新東宝作品『女真珠王の復讐』（志村敏夫監督）ということになる。

　後ろ向きながらも、吹き替え無しで全裸を晒した前田通子は、この作品で一躍スターダムにのし上がった。

　両手で裸の胸を隠して、浜辺にすくっと立っている彼女のスチール写真も、また刺激的であった。

　厳密に言えば、1920年の『幻影の女』（帰山教正監督）にも全裸で水浴する女性をロングショットでとらえたシーンが登場するし、1941年に国策映画として作られた『日本の女性』（浅野辰雄監督）にも、美術教室で全裸の女性モデルが立っているシーンが後ろ姿で登場しているが、意識的にセクシャルな意味合いを持たせている全裸シーンとすれば、やはり『女真珠王の復讐』が最初と言っていいだろう。

　新東宝の『女真珠王の復讐』のヒットに対抗するように、翌年の1957年に日活は筑波久子主演の『肉体の反抗』（野口博志監督）、松竹は泉京子主演の『禁男の砂』（堀内真直監督）を公開する。

　前田通子は身長163センチB87・W58・H92、筑波久子は身長162センチB90・W57・H92、そして泉京子は身長165センチB96・W56・H100と、彼女たちは現在のグラビアアイドルでも通用しそうな体型であった。

　松竹は泉京子を売り出すために、彼女を「和製シルヴァーナ・マンガーノ」と呼び、上映館前に海女の衣装から乳首が透けて見える巨大看板を掲げた。その大きさは、なんと高さ10メートル横3メートル。『禁男の砂』の宣伝コピーも刺激的だ。

「乳房の谷間にひめる妖しい魅力」

「あらあらしい情熱に燃える野性の肉体美、グラマスター泉京子」

「海底に、砂丘に、展開するむせ返る海女達の激情と体臭！」

ちなみに前田通子のキャッチフレーズは「ブラジャーをはずしたお嬢さん」、筑波久子はデビュー当初は「学生スター」だったが、「官能女優」に変えられた。

『週刊娯楽よみうり』（読売新聞社）の1956年7月13日号では、こうした肉体女優ブームを先取りするような「悩殺女優売り出す」という記事を掲載。その中で映画評論家の南部僑一郎はこう分析している。


「（前略）それに若い男たちさえ、顔や姿が美しいよりも、胸の隆起に女の魅力を感じるようになって来たのも、映画会社が、体に不つり合いなくらいオッパイの大きい女優を送り出す一つの大きな原因だろう。世は正に『オッパイ・ノイローゼ』だからネ」

大きなバストと大きなヒップを売りにした肉体女優たちの登場は、日本が新たな時代を迎えたことの象徴のようでもあった。

それは１９５６年の経済白書での「もはや戦後ではない」という宣言と呼応しているようでもある。日本は高度成長期を迎え、欧米に追いつき追い越せとばかりに更なる発展を目指した。

１９５６年には下着ブームも巻き起こった。和江商事がブラジャーやコルセットなどの洋装下着を日本女性に根付かせるために１９５２年から百貨店で開催していた下着ショウ（下着のファッションショー）や新聞・雑誌への積極的な広告掲載などの宣伝活動が実を結び、それまで一部の先進的な女性の間のみで着用されていたブラジャーが一般的な女性の間にも一気に普及したのである。

和江商事はワコールと社名を改め、１９５９年に京都市に本社ビルを完工。週刊誌には「ブラジャーでビルを建てた近江商人」という記事が書かれた。

胸のシルエットを美しく見せるブラジャーの普及は日本人女性にとって乳房の価値観に大きな影響を与えたのではないだろうか。

下着デザイナー鴨居羊子は『下着ぶんか論　解放された下着とその下着観』（凡凡社　１９５８年）の中で「健康な肉体を誇り、活力にみちた生活をおくる今日の女体は、下着姿をも、すばらしく美しい、今日的な女の姿に仕上げますから、旧い行儀作法から解放されます」と宣言している。

女性自身も自分たちの肉体の魅力を意識し始めたのである。

そして、肉体女優という名称は「グラマー」という言葉に取って代わられていく。

グラマーという表現

グラマー（glamour）は、英語では魅力、魅惑という意味を持つ。カタカナ表記にすると文法を意味するgrammarと同じになり、混乱するが、そもそも語源としてはどちらもギリシア語の「文字を読み書きする能力」であり、中世において、魔法という意味が派生し、そこから魅力・魅惑を意味するglamourが生まれた。

週刊誌『週刊東京』（東京新聞）の1957年4月13日号で「グラマーという名の魅力」という特集が組まれている。ここでのグラマーの説明はこうだ。

　ところで、このグラマーとは一体なんなのか――。
　辞書を引っぱって見よう。
「魔力、魅力。不思議な魔力を持った美しさ。心を迷わす美」
とある。
昔風にいうと、まず妖艶といったところだろうか。それがグラマー本来の意味らしい。
もちろん、時代の移り変わりと一緒に、言葉の持つ意味は変わってくる。グラマーも同じこと。

ならば、当今流行のグラマーは、どんな性質の美をいうのかということになるのだが、東京芸術大学教授の西田正秋氏は

「大衆にアッピールする能動性、通俗性、真新しさ、発らつさ、それにプラス若干のエロティシズムを含んでいるのが、いわゆるグラマーの実態に近いのではないか」

とこういっている。

「十九世紀までは、世界中、洋の東西を問わず女性美を消極的なつつましやかな優美なものとして取り扱ってきた。それが二十世紀から、もっと生き生きとした活発な能動性にあふれた美を女性に要求するようになってきている。現在の流行も、やはり、この新しい風潮を基として変化しているといえる。だから、いまのグラマーのなかには、マリアや修道尼に見るような消極的な清純美はない」

とすると、コケティッシュなピチピチとした魅力ということになろうか。

（中略）

そこで、日本のグラマー女優前田通子を生み出した新東宝の監督志村敏夫氏のように、グラマーを

「男をとろかしてしまうような、不思議な性的魅力だ」

と定義する人も出てくる。

現在ではグラマーは

若い女性が肉感的で、性的魅力のあるさま。また、そのような女性。肉づきのよいさまにもいう。（『大辞林 第三版』三省堂 2006年）

というように肉感的であるという意味が強い。ストレートに言ってしまえば「おっぱいとお尻の大きい女」ということだ。しかし50年代の時点では単に「性的魅力がある」ことを意味していたようだ。

これはアメリカなどで使われていたグラマー・ガールという言葉本来の意味に近い。日本でもグラマーという言葉自体は、50年代の頭から使われていたが（『週刊東京』の「グラマーという名の魅力」には、1937年頃からジャーナリズムに登場したという記述もある）、それは主に映画雑誌などでのことだった。

『キネマ旬報』（キネマ旬報社）の1951年10月号ではエヴァ・ガードナーなどの女優についての「エヴァの総て　ハリウッド・グラマーについて」、『新映画』（映画出版社）1925年10月号では「グラマー・ガール放談」という記事が掲載されている。こうした記事を見ると、アメリカでは既に「グラマー」という表現が定着していることがわかる。映画雑誌では、いち早くそれを輸入したようだ。第一章で紹介したジェーン・ラッセル主演の映画『ならず者』の日本版プレスシートでも「グラマァ的」という表現が使われている。

ただし、一般的にはあまり使われておらず、「肉体」という表現の方が普及していた。「グラマー・ガール放談」でもザザ・ガボー（ザ・ザ・ガボール）と並んで二大グラマーと称されていたマリリン・モンローが1954年に来日した際のニュース記事でも、「肉体女優」という表現が中心で、グラマーという言葉は映画雑誌以外では見つけることができなかった。

巻き起こるグラマー・ブーム

50年代の週刊誌を調べていくと、1957年から突如として「グラマー」という言葉が多用されていることがわかる。

「グラマーの姉御ソフィア・ローレン」「熱波の中のグラマーたち」「三田のグラマー」（『週刊東京』）、「ニッポン製グラマー」「禁男のグラマーたち」「日米グラマー戦」（『週刊新潮』）、「グラマーの季節　外国スター裸くらべ」（『週刊娯楽よみうり』）などである。

カメラ雑誌も『日本カメラ』（日本カメラ社）が「チャームフォト　グラマーの星座・18人」「グラマーとヌード」、『サンケイカメラ』（産業経済新聞社）が「ヌードからグラマーへ」といった特集や臨時増刊号を次々と出している。

女性向け雑誌でも、「柔道初段のグラマー」（『婦人生活』）のような記事が掲載されているほどだ。

松竹が泉京子の特大ポスターに「グラマスター」のキャッチコピーをつけて貼り出したのも1957年である。

また、この年には大映が「グラマー・スター・コンテスト」なるイベントを開催している。

グラマーという言葉が一気に広まったきっかけは残念ながらわからなかったが、国内外の「肉体女優」の活躍が、「肉体」という言葉では収まらなくなったということだろう。

『週刊東京』1957年4月13日号の特集「グラマーという名の魅力」をもう一度見てみよう。

カメラ・ブームに乗って発展一途のカメラ雑誌。そのグラビア・ページに、ご年輩の男性なら

「ホォー」

ひそかに息をのんで、眼鏡をかけなおすような写真が、延々五ページ、十ページと載っている。

題して「グラマー・フォト」。

映画やテレビでも同じ。

全裸の女優を海岸の岩の上に立たせて、話題をにぎわせた作品もあれば、主演女優が映

画の初めから終りまで、着ていた衣装はブラジャーと腰当てだけで通したという、いたって安上がりだが、春なお寒いイデタチが売りものという作品まで現れる始末。

その宣伝パンフレットを読めば、ゴシックの大きな活字で「グラマー女優誕生す」。本屋の店頭に立てば、立て看板に「グラマーとヌード・新書版、大増刷出来」。

これでは、犬も歩けば棒のことわざならぬ、人も歩けばグラマーに当るといえそうなほど、ある新しい魅力のはんらんする近ごろである。

この年、グラマーがどれほど街に氾濫したかが、よく伝わってくる。

グラマー流行の理由について、「グラマーという名の魅力」の中で社会心理学者である一橋大学南博助教授はこう説明している。

「マス・コミュニケーション——とくに近ごろ、映画やテレビの発達が目ざましい。そこにグラマー全盛機運の原因があるのではないか。広告にしても、昔は媒体となるのは、大部分が活字だった。つまり、文字を通して印象づけがなされたわけだ。ところが、映画が発達し、テレビが一般人の生活の中に入ってくると、文字よりも眼からの印象が強くなる。文字なんぞ読まなくったって、画面さえ見ていればすべてが判ることになる。こうしたことから、グラマーのように眼で見るものが人気を持つようになる。それは人間の認識がヴィディオを通じてなされるという、現在メカニズムの生んだ当然の結果といえるのではなかろうか」

ビジュアル時代にふさわしい女性の魅力が、すなわちグラマーということだろう。

また、グラマーを女性の解放に結びつける考えもあった。鴨居羊子は『下着ぶんか論』の中でグラマーについてこう語っている。

（前略）なにに対してどのように新しいかといいますと、エレガントという女の古い魅力に対立する新しい女の魅力をさしていて、エレガントの優美さ（これも性的解放のありさまですが、主体性のない解放です）とか、小粋な魅力を今日的に否定する能動的な女の魅力をいっているのです。（中略）エレガントは、女性が男性と対等な社会的力をもっていなかった時代に、女を男の性の道具としてのみ考えたとき、男に都合のいいように作られた美しさだからです。その美しさは、働く力を持っていない、弱々しい美しさ、男に同情されたり、人形のように可愛がられるのを待ちうける受動的な美しさです。（中略）今日の社会は、そしてみなさん方は、もうすでにそんな美しさはごめんだとおっしゃるにちがいありません。その通りです。この弱い女を象徴する美しさを否定して力強い、行動的なグラマーの美しさが登場してきたのです。

能動的な女の魅力こそがグラマーだと鴨居羊子は高らかに宣言する。しかし、実際にはグラマーは男性社会の性的視線の中で消費されていったのだが……。

日本流グラマー＝トランジスタ・グラマー

1953年に、伊東絹子が第二回ミス・ユニバースに日本代表として出場し、第3位に入賞した。日本人の体型は欧米人に比べて、頭が大きくて足も短く、みっともないと言われていたため、この快挙には当の日本人が驚いた。

伊東絹子は身長164センチB86・W56・H92。頭が身長の八分の一しかなく、八頭身だということで話題となり、これが理想の美人の体型だとされた。

翌1954年には、主演映画『わたしの凡てを』（市川崑監督 東宝）も公開され、上映館の前には伊東のシルエットをくり貫いた「美人測定器」が置かれた。これをすり抜けられた女性には招待券が贈られるといった趣向のプロモーションだったが、20日間の期間中に数十人が挑戦し、二人が通り抜けたという。

そしてその6年後、1959年には児島明子がついにミス・ユニバースで優勝する。日本人女性が世界一の栄冠を勝ち取ったのである。日本人というだけではなく、有色人種として初のミス・ユニバース優勝者であった。

児島明子は身長168センチB93・W58・H97と、伊東絹子よりもグッと大柄であり、よりメリハリのある、まさしくグラマーなボディだった。なるほど、これなら欧米人のグラマー女優にも負けない。

しかし、彼女ほど高身長ではなくても、均整が取れた魅力的な身体を持つ女性もいるわけだ。伊東に対比するように、小さくても立派にグラマーだとして、トランジスタ・グラマーという言葉が生まれる。

真空管ラジオに比べて、小型で高性能なトランジスタ・ラジオは1955年にソニーが国産第1号を発売。1958年には真空管ラジオの2倍以上生産されるまでに普及した。

そこで、小さくても高性能＝トランジスタなグラマーという意味で、この言葉が作り出されたのである。

トランジスタ・グラマーはこの年の流行語に選ばれるまでに広まった。

嵐山光三郎が60年代を振り返った自伝的小説『口笛の歌が聴こえる』（新潮社　1985年）には「トランジスターグラマーという流行語ができた。小柄なのに、グラマーな女性をさして言う言葉で、三島由紀夫が、結婚したての妻を、『うちのはトランジスターグラマーだ』と自慢していた」というくだりがある。三島由紀夫が口にするほどに流行していたのだろう。

科学評論家・翻訳家の丹羽小弥太による性にまつわるエッセイ集『女とおとこ性―この厳

粛な事実』（協同出版　1966年）にも「グラマー対トランジスター」という一項がある。この時期における「グラマー」や「トランジスタ・グラマー」がどんな女性を指すのかが詳しく書かれている。

> 身の丈（たけ）はおよそ一七〇センチ、どちらかというと小頭（といって低能であるかどうかは別問題）、ほっそりした首、胸の高い位置に豊かに盛り上がった乳房、蜂のようにくびれた腰、そしてやや突き出た丸いお尻、その尻につながる肉づき豊かな股（もも）、するりと伸びた雌鹿のそれのような脚、うしろ足首、アキレス腱のところがキリリとしまっている、そんな女性がいうところのグラマー女性の典型であろう。

対するトランジスタ・グラマーはこのように描写される。

> トランジスター型はもちろん全体に小づくりである。背丈は一四〇センチをやや上回る程度。グラマーの顔の造作が一般に彫りの深いのに対して、トランジスターではどちらかというと切れがにぶくポッチャリした感じ、首も襟足のぬけるような、といった性質のものではない。ほどよい大きさにふくらみ、しかもしまりのよい乳房、やや胴長で、腰のくびれもそれほどきわだたない、全体が丸っこい感じ、脚はやはり形よくするりと伸びては

いるが、いちじるしい特徴は足の小さいことだ。とにかく可愛い、何のためらいもなくぎゅーっと抱きしめてやりたいようなのがトランジスター娘である。

グラマー女性は確かに立派で魅力的だが、どうも可愛げがなく、威圧される感じが気に食わないため、男性はトランジスター型の方にとびうつるのだ、と丹羽は述べている。丹羽自身の趣味もあるのだろうが、日本人男性の女性観を見抜いているようでもある。

この文を読んでもわかるように、この頃までは「グラマー」には、高身長という意味が含まれていたわけである。しかし、現在は単に肉感的でセクシーというニュアンスで使われているというのは前述の通りだ。

トランジスタ・グラマーという言葉は、60年代後半くらいまでは使われていたが、やがてグラマーに統一される。そして、その頃には、グラマーから「高身長」という意味は消えていて、背の高い、もしくは大柄なグラマーのことは「大型グラマー」と呼ぶようになっていた。

児島明子がミス・ユニバースに選ばれた1959年には、南海の孤島を舞台にした『グラマ島の誘惑』（川島雄三監督）、そして1962年にはアメリカ映画『グラマー大行進』（ディック・クレイン監督）、1963年にはイタリア映画『グラマーと吸血鬼』（ピエロ・レニョーリ監督）とアメリカ映画『グラマー西部を荒らす』（なんとフランシス・フォード・コッポラの監督処女作！）といった映画も次々と公開され、グラマーという言葉は完全に定着していった。

映倫の基準もどんどん緩やかになり、セクシャルな表現を売りにした映画が多数作られるようになると、グラマー女優たちも次々とデビューを飾っていく。

前述の前田通子、筑波久子、泉京子に加え、新東宝の三原葉子、万里昌代、小畑絹子（小畠絹子）、松竹の炎加世子、日活の白木マリ（白木万理）などが活躍。いずれも迫力のあるバストとヒップを惜しげもなくスクリーンで見せつけ、男性たちを魅了した。東映の緑魔子のようにスレンダーな「脱ぎっぷりのいい」女優もいたが、やはり主流はグラマラスなボディを持った女優だった。

70年代に入ると、グラマーという言葉はやや古臭くなり、敬遠されるようになるが、80年代以降には逆にそのレトロなニュアンスを活かす形で、よく見かける表現となっていく。

第四章 ボインの時代 ナインの時代

若者向け雑誌の登場とグラビアの隆盛

東京オリンピックが開催され、東海道新幹線が開通した1964年。日本は高度成長期の真っ只中にあった。

アイビールックが流行し、世界初のトランジスタを使った電子式卓上計算機CS—10A（早川電機工業　現・シャープ）が発売されたこの年に、一冊の週刊誌が創刊された。

『平凡パンチ』（平凡出版　現・マガジンハウス）である。

女性向け芸能週刊誌の『週刊平凡』の男性版であり、そして日本で初めての若者向け週刊誌でもあった。創刊時の発行部数は62万部。2年後には100万部を突破した。

「若い男性は雑誌なんて買わないだろう」

社内でもそんな意見が交わされていた中での創刊だったが、『平凡パンチ』は大きな拍手を持って迎えられたのだ。

初期の『平凡パンチ』の編集の三本柱は「車」「ファッション」、そして「女」だった。創刊号のセンターページには、大竹省二撮影による外国人モデルのヌード「パリの女」が折込みグラビアとして掲載されている。

つまりこれは、日本で初めて「若者向け」を意識したヌードグラビアなのである。

とはいうものの、創刊当初の『平凡パンチ』では、ヌードグラビアの比率は低かった。「おんな」と題されたモノクロの連載グラビアが3ページだけということがほとんどで、それも外国人モデルによるアート色の強い写真ばかりだった。既存の週刊誌やエロ雑誌の「オヤジ臭さ」と差別化を狙ったのであろう。

特に胸の大きなモデルを起用しているわけではないが、やはりそれなりにグラマラスなプロポーションの外国人女性が多い。

こうして、グラマラスなヌードが毎週、日本の若い男性の目に触れるようになった。『平凡パンチ』の成功に続けとばかりに1965年には恒文社から『F6セブン』（この奇妙な誌名は、ファイブ、シックス、セブンの略らしい）、そして1966年には、集英社から『週刊プレイボーイ』が創刊される。

若い男性をターゲットにした3誌が市場を奪い合うこととなった（『F6セブン』はすぐに退場したが……）。『平凡パンチ』もビジュアル面をより強化し、ヌードグラビアや水着グラビアにも力を入れるようになる。

『週刊プレイボーイ』が1968年新年号で篠山紀信による日本人モデルの撮り下ろしを掲載すると、『平凡パンチ』も負けじと日本人モデルで対抗した。

50年代からの映画界での肉体女優、グラマー女優たちの活躍を見れば、日本人の中にも欧米人に負けないプロポーションの女性が、既に存在していたことはわかるだろう。

『週刊プレイボーイ』1969年7月15日号掲載の「新型NUDE　バスト100以上の女の

コ」はタイトル通りにバストが100センチ以上の巨乳の女の子5人を紹介した特集だ。

登場するのは、日劇ミュージックホールのダンサー、クララ・マリ18歳（B100・W65・H100）、トップレスゴーゴーガールの岩島洋子19歳（B102・W62・H92）、日劇ミュージックホールのダンサー、こだま玲子20歳（B101・W60・H90）、女優の大橋由香20歳（B101・W57・H88）、そして歌手の吉成雪子21歳（B108・W63・H96）。

今でも十分に巨乳、いや爆乳として通用する女の子ばかりだ。

この時期の20代の日本人女性の平均スリーサイズはB81・4・W64・5・H87・9（1970年　ワコール人間科学研究所調べ）と、一般的には胸はまだまだ小さかったものの、巨乳女性は確実に存在していたのだ。

ボインの誕生

『平凡パンチ』創刊の翌年、1965年11月8日から日本テレビ系列で放映が開始された人気番組が『11PM』だ。日本で最初の深夜ワイドショー番組であり、お色気要素が語り草になっているが、放送当初は硬派な時事解説番組であった。

しかし、視聴率不振に喘ぎ、半年ほどで大幅なリニューアルが行われた。もともと『11PM』はバラエティ番組として企画されていたものの、報道番組路線に変更となっていたのだ。

視聴率対策として最初のバラエティ番組路線が再検討され、復活することになる。

新路線の司会者のひとりとして登場したのが、それまで放送作家として活躍していた大橋巨泉だった。

そしてそのアシスタントとして出演していたのが、女優・歌手の朝丘雪路である。お嬢様育ちのおっとりしたキャラクターの朝丘だったが、１９６７年の放送中に巨泉が彼女の大きな胸を表現した言葉が流行語となった。

「ボイン」である。

――「ボイン」という言葉を発明されたそうですね。

そうなんです。同じ司会の朝丘雪路さんが隣にいて、自然と胸が目に入る。深夜番組ですから、話題にしないのは損。朝丘さんに「どうして、ボイン、ボインと出ているの？」と言ったように思います。それがウケて、「ボイン」は漫画や歌にも登場しました。

（『朝日新聞』２０１３年1月9日夕刊　人生の贈りもの　大橋巨泉インタビュー）

「元祖ボイン」である朝丘雪路本人も、番組内での大橋巨泉のアドリブによる命名だったと語っている。

——朝丘さんを『ボインちゃん』ですものね。

朝丘　あれも予定なしなんですよ（笑）。

（『昭和・平成 お色気番組グラフィティ』河出書房新社 2014年）

巨泉がインタビューで「歌にも登場した」と語っているのは、ボイン発言の2年後の1969年に落語家・漫談家の月亭可朝が発売したコミックソング『嘆きのボイン』（テイチクレコード）のことだ。

「ボインは赤ちゃんが吸う為にあるんやで
お父ちゃんのもんとちがうのんやで」

とシンプルな弾き語りスタイルで歌い上げられるこのコミカルな曲は、80万枚の大ヒットとなり、昭和を代表する歌笑曲としてボインは子供たちの間にまで広がる流行語となった。

1969年のこの曲のヒットにより、70年代以降、大きな乳房をボインと呼ぶ表現は一般化したのだ。

ボインの語源

そもそもboing（またはboing-boing）とは英語の表現である。

本来は弾力のあるものが飛び跳ねる様を表す擬声語だ。1951年にアカデミー賞短編アニメ賞を受賞した『ジェラルド・マックボイン＝ボイン』というアニメもあるが、これは「ボインボイン」と擬音を発する少年のお話であり、乳房とは全く関係がない。

日本でも50年代の漫画の格闘シーンの擬音（殴った時の音など）として「ボイン」「ボイーン」などが使われていた例もある。

また米国兵士などの間で、グラマーな女性を見た時などに、目玉が飛び出そうになるという意味で「boing」という表現をすることもあったようだ。

さらにアメリカのポルノ小説などでは、ペニスが勃起する時の表現としても使われていた。いずれも「ボイン」は乳房そのものを示す表現ではない。

しかし、パイロット万年筆のCM撮影中にアドリブで生み出して流行語となった「はっぱふみふみ」に代表されるように、リズミカルな言葉遊びのセンスに長けた巨泉が、こうしたエロティックなニュアンスを踏まえて、朝丘雪路の豊かな胸を「ボイン」と表現するのは、自然なことだったのかもしれない。

ボインという表現は、巨泉が在学していた早稲田大学の学生の間で使われていた言葉で、巨泉のオリジナルではないという説もあるが、当時の雑誌を調べてみても、巨泉が『11PM』で発言した1967年以降からひんぱんに使われるようになっている。少なくとも、ボインという言葉を世間に流行らせたのは巨泉であることは間違いない。

それまで、日本には大きな乳房そのものを表す言葉は存在しなかった。グラマーやグラマラスは、乳房だけではなく、全体的なムードやフォルムを表す意味合いが強い。そもそも乳房の大きさだけを描写すること自体があまりないのだが、あえて探してみると「豊かな胸」「豊満なバスト」など「豊かな」という表現が最も多く、他には「大きなオッパイ」や「もりあがった乳房」「偉大なるオッパイ」や「立派なオッパイ」などが見られた。

大きな乳房を一言で表せる「ボイン」という表現の登場は画期的なことだったのだ。

もっとも、使われ始めた1967年の時点では、「ボイン・ボイン」や「ボイーン」といった表記も多くみられ、ボインが擬声語由来であることを強く感じさせる。

中には「この夏、ついうかうかとオナカがボイーンになっちゃった女の子クン」(『平凡パンチ』1967年8月28日号)や「ママの横っ面などをボイーンと」(『平凡パンチ』1967年10月23日号)のように、乳房とは全く関係のない擬音表現として使われている例もあった。これなどは、むしろ英語本来の使用法に近いわけだ。

またこの時点で「超ボイン」といった表現も多数使われている。「超」が必要ということは、当時の「ボイン」が示すサイズのイメージは、それほど大きくはなかったのかもしれない。

ボインが注目された1967年

1967年は、日本の巨乳の歴史を考える上で、大きなターニングポイントとなる年である。それは大橋巨泉の「ボイン」発言があった年というだけではない。

まず、この年の4月にアメリカの元祖グラマー女優であるジェーン・ラッセルが来日を果たしている。クラブのショーに出演するための短い来日だったが、『週刊プレイボーイ』（1967年5月16日号）のインタビューに応じている。

既に彼女は45歳だったが、インタビュアーのビル・ハーシーは、「それにしても、衰えを見せぬそのバストは、ぼくの目の前に、誇らしげに盛り上がっていたのである」と、かつてアメリカを、いや世界中を虜にした膨らみを讃えた。

後に『花と蛇』などで日活ロマンポルノを代表するポルノ女優となる谷ナオミがピンク映画『スペシャル』（関孝二監督　新日本映画）で銀幕デビューを飾ったのもこの年だ。むっちりとした豊満な肉体で人気を誇った谷ナオミだが、このデビュー作では、まだ18歳の初々しい肢体を披露している。この年だけで20本以上のピンク映画に出演しているというから、デビュー当時から人気は高かったようだ。

さらに歌手の青山ミチが新曲『男ブルース』をビキニ姿で歌い、102センチのバストをアピールしてヒットさせた。

青山ミチは在日米軍の黒人兵を父に持つハーフで、13歳にしてレコードデビューを果たした天才少女であり、『ミッチー音頭』『涙の太陽』などをヒットさせるも、1966年に覚醒剤で逮捕されてしまう。そのカムバックに際しての巨乳アピールが成功したわけだ。当時のビキニ姿の写真を見ると、60年代の日本にもこんな女の子がいたのかと驚かされるほどの素晴らしいプロポーションである。しかも、この時点で青山ミチは、まだ18歳だったのだ。

そんな青山ミチを筆頭に、この年の夏に肉体を売りに活躍した女性タレントたちを紹介した「女性の〈中身〉を採点する」という記事が『平凡パンチ』1967年8月28日号に掲載されている。

大島渚監督作の『無理心中日本の夏』で大胆な濡れ場を見せたフーテン出身の桜井啓子も青山ミチと同じくバスト102センチ。

その他にも園まり、森田敏子、前田美波里、浜美枝、若林映子、由美かおる、原田糸子、奈美悦子、安田道代(大楠道代)、渚まゆみ、田島和子、小山明子といった名前が挙げられている。こうした中に都はるみが園まりの対抗馬として「『想い出のハワイ』でレパートリーをひろげて水着を披露。意外なグラマー」と取り上げられているのが面白い。

グラマラスでボインな女性こそが魅力的であるという当時の風潮が読み取れる記事である。

同じく『平凡パンチ』の7月10日号には、「パスティーン」なる乳房を大きくする医療器具が密かなブームを呼んでいるとの記事もあった。微弱な電流によって、ホルモンの分泌を促し

「一日一回、十分ずつおこなうと、三週間以内に、みるみるおっぱいがふくらみ」、ボインになれるという。厚生省の公認もある日米特許の製品だそうだ。

年末には、早くも『漫画ボイン』（新星社）なる成人向け漫画誌も創刊されている（表記は1968年2月号）。内容的には特に巨乳に関する漫画や記事はないのだが、それほどまでに「ボイン」という言葉が普及していたという証拠でもある。

翌1968年にはNETテレビ（現・テレビ朝日）系のお昼のワイドショー『アフタヌーンショー』でオッパイ・コンクールが開催され、B98・W60・H90の橋本益子が優勝している。昼のテレビで、乳房の大きさを競う番組が堂々と放送されていたのである。この時期、いかに「ボイン」が人々の関心を集めていたかという証明となるだろう。

10月にはアメリカの巨乳映画の巨匠であるラス・メイヤー監督の『草むらの快楽』も日本公開されている。119センチというアレイナ・カプリの巨大なバストは、日本人男性の度肝を抜き、以降『女豹ビクセン』『真夜中の野獣』『ワイルド・パーティー』など、ラス・メイヤーの巨乳映画は次々と日本公開されることとなる。

また、この年の第10回レコード大賞は、黛ジュンの『天使の誘惑』と、伊東ゆかりの『恋のしずく』の一騎打ちとなり、選考委員会の最終投票で黛が伊東を5票上回り、見事受賞。この決戦をマスコミは「ボイン（黛）対スレンダー（伊東）の戦い」と評した。そして結果はボインの勝利に終わったわけである。

日本にボインの黄金時代が到来したかのように思われた。しかしそれは一瞬の輝きに過ぎなかったのだ。

胸の大きなナオンは時代遅れ?

日本の歴史が始まって以来、初めて大きな乳房を表す言葉「ボイン」が誕生した1967年だが、実はこの年をピークとして、時代の流れは変わっていく。

「大きい胸が魅力的」という概念が古臭いものとなっていったのだ。

まずそれは海外の流行から現れた。60年代後半の欧米、特にイギリスのファッションシーンではスレンダーでユニセックスなルックスが現代的だとされた。

その代表的な存在であるファッションモデル、ツイッギーが「ボイン」の生まれた年である1967年10月に来日を果たす。彼女のトレードマークである超ミニスカートは、一気に女性たちの間に流行していった。同時に、ツイッギーの「小枝」のように華奢なスレンダーボディが新しい魅力として捉えられるようになったのだ。

ツイッギーは愛称であり、本名はレズリー・ホーンビー。身長は168センチ、体重は41キロ。スリーサイズはB79・W56・H81だった。この時期の20代の日本人女性の平均サイズが身長155・9センチ、体重48・9キロ、B81・4・W64・5・H87・9というから、比べてみるとかなり細い。

それまでのハリウッドのグラマー女優とは正反対のツイッギーのプロポーションに、男性はともかく女性は憧れを抱いたのである。

この時期から痩せている女性がかっこいいという風潮が生まれ、女性たちは細いボディに憧れ、ダイエットを意識するようになる。

これは第一章で触れた欧米の動きとシンクロするものだった。70年代に入ると、やはり欧米と同じようにウーマンリブの運動が日本にも波及し始める。乳房をブラジャーから解放しようというノーブラ運動も輸入された。

『週刊プレイボーイ』１９７２年7月4日号には、「ノーブラの女のコは女上位がお好き!!」なる記事が掲載されている。ノーブラの女の子はセックスに積極的なはず、という男性誌らしい視点で書かれた記事だが、洗いざらしのジーパンにノーブラでTシャツという女の子が流行の最先端であるとされている。「ここ2、3年、ニューヨークのストリップ劇場でも、人気ダンサーは胸の大きいコから小ぶりの胸の踊り子へと変わった」「いまや乳房の大きなナオンは『小さくなりたい』と日夜、大きな胸を痛めているらしい」と「ボイン」が時代遅れとなったことを報告し、「もうそろそろヤングのナオンからブラジャーは消える時代がやってくる。ブラジャーをつけた女は、タレパイのどうしようもない女という日がくるのはそう遠くないようだ」と原稿を締めくくっている。

胸の大きい女性は頭が悪いという神話

ボイン否定に拍車をかけたのが、「胸の大きい女性は知能指数が低い」という今でも根強く残る俗説だ。

その発端となったのがアメリカのアーウィン・ストラスマン博士の「バストサイズと性格および知能の関係」についての発表だろう。

『週刊サンケイ』1967年9月18日号では、「バストの大きな女性は頭が悪い」という、ストレートすぎるタイトルの記事で、この発表を紹介している。

アメリカ、ヒューストンのペイル大学教授ストラスマン博士が、未産婦人七百七十人を調べた結果、肉体美の女性は、感情に支配されがちであり、バストもヒップも小さい女性は、理性的だったというのである。

発表されたのは、先年発行された、国際産婦人科学会の会誌。「未産婦人における肉体・性格および知能」というタイトルだった。

その内容は、I・Q、つまり知能指数を調べたところ、バスト八十六センチの女性のI・Qは一三〇、九一センチの人は一〇〇、一〇二センチの人は八〇というように、バストの数字が大きくなるにしたがって、知能指数は下がってくるというものだった。

（中略）

「まぁ、そんな傾向にあるのは確かなのじゃないですかね」

というのは、上野整形外科医院（東京・台東区東上野）の鷲海正平院長。

「だいたい、乳房というのは、外から見ることのできる性的器官の発育の度合いのバロメーターで、いちじるしく乳房が大きいというのは、ホルモンがそれだけたくさん出た結果なんで、性腺がよく発達しているということですね。したがって思考的な女性ではないということになると思いますね。

男だってそうでしょう。べらぼうに大きなペニスの持ち主は確かにインテリジェンスに劣ってるといわれますからね」

当時は医師が、マスコミでこうした「バストの大きい女性は頭が悪い」論を語ることが多かった。

この頃、『11PM』に出演していた大阪赤十字病院の「セックスドクター」木崎国嘉博士も番組中、こんな発言をしている。

木崎　グラマーは、よく笑い、よく泣き、よく食べる、感情が強いのね。だから理論的に考えることがキライ。政治や算数のことはダメ。いっぽうのスレンダー型は理論的で、知的で、内攻的で（原文ママ。内向的？）、頭のひらめきがある。おタカさんのようにやね（笑）。

安藤（孝子）　ほんまかいな…。

（中略）

木崎　バストが86だと知能指数は130、91だと100、102のバストだと80の指数、という説がある。はっきりいえばオッパイがでかいのは、バカだというのね」（『平凡パンチ』1967年4月3日号）

現在よりも医師や博士という立場の人間の言葉に重みがあった時代である。その影響力は小さくはなかっただろう。

『平凡パンチ』1969年2月17日号に、バスト105センチの20歳のタヒチダンサーの仁木早苗と野末陳平の対談が掲載されているが、その中でも、こんなやりとりがある。

チンペイ　でもさ、デカすぎて気にならない？　たとえば、バストのデカイ女はバカだとか。

サナエ　そんなことないですよ。学校の成績もふつうだったし。

チンペイ　バカじゃないにしても、感度はニブイだろう。

サナエ　そんなことない。

野末陳平の言動はかなり失礼極まりないものだが、この記事のリード部分には「男はバストの大きいオンナにあこがれる。ところが古来からの俗説に『バストの大きい奴はパー、そして不感症』果たして事実か。ノー、とオレは答えたい」と書かれているので、対談を面白くするために、あえて露悪的に言ったのかもしれない。

『週刊プレイボーイ』1971年4月27日号掲載の記事もストレートだ。なにしろ「バカな女ほどオッパイが大きい理由」である。

日本の女優でいうと、最近武智鉄二の娘川口小枝と結婚した映画カメラマン高田昭氏を恐喝して逮捕された沖山秀子や、愛人を刺殺して現在服役中の〝ヘビ女優〟毛利郁子、はては男から男へピストン式にまわされたといわれる歌手の青山ミチなどが、90センチ台で1メートルに迫るデカパイの持ち主。これまたおリコウさんとはいえない顔ぶれだ。

巨乳女優たちの起こしたトラブルを並べ立て、「これまで女優、歌手、モデルなどを含め約3万人のオッパイを観察、触診し、数千例にのぼる整形手術を手がけた」というオッパイ博士こと布村東三《とうぞう》医博（青山バスト・クリニック院長）に「グラマーで乳房が大きい女は、性格が大ざっぱで多情。知能は普通もしくは普通以下が多い」「（豊満型のオッパイの持ち主は）多産型で、けっこうスキだが大アジ。オツムが弱いとか、未開人に多いデカタレパイ」などという独自の乳相学を語らせている。

さらに西村俊身《としみ》医博（上野整形院長）は「医学的かつ体験的にそういわざるを得ない。大体、乳房の発育は排卵日から月経前までに分泌される黄体ホルモンによってうながされる。このホルモンは脳下垂体前葉の刺激が原因で分泌するのだから、その間大脳の働きは停止状態になる。当然、知能指数は低下するわけだ」ともっともらしい理屈を並べる。

その続きが「男性はとかく、谷間で男性自身をはさんでもらえるくらい大きいのを好むが、理想的大きさが底辺が10センチ、高さ6センチということになっている。最近それに近い銀座ホステスを見つけてイザという段になったら、『アラ、このオッパイ、先生にシリコン注射してもらったのヨ』といわれてアワテタ。つまり整形手術の技術もそこまで進歩したということですナ」と、自ら巨乳好きパイズリ好きであることを明かしているあたり、憎めないところもあるのだが。

さらにプレイ評論家なる肩書のテディ片岡（片岡義男）は「オッパイは女性のシンボルとして、アメリカなどには根強い乳房崇拝思想が今もある。男どもは開拓当時から、よりよき乳房のために働いてきた。それを否定しようとするのがウーマンリブだ。しかしバカな女ほど大きいオッパイをしているという、そのバカとは、可愛い女の意味ではないのかな？　なまじ小リコウな女ほど、男にとって迷惑なものはない。おバカさん大歓迎」と、ウーマンリブ運動家の神経を逆撫でするようなコメントを寄せている。

ただし、この記事の結びは「だが、サイズの大小にこだわるな、小型でもスポーツカーなみ性能もあり、大型ダンプばかりがいいとは限らない。それよりキミのモミモミで大小自在にアイドリングし、緩急よろしく絶頂をきわめてくれ」となっており、結果的には胸の小さい彼女を持っている男性を励ます趣旨になっていると言えなくもない。

巨乳＝知能指数が低いという俗説は洋の東西を問わず現在に至るまで繰り返し語られている。50年代のハリウッドを代表する巨乳女優のジェーン・マンスフィールドは実はＩＱが１６３、５ヶ国語を操る才女なのだが、それが注目されることはなく、むしろ自己プロデュース能力に長けた彼女は「可愛いおバカさんのグラマー」をあえて演じていた。

少し時代は下るが、80年代にアメリカのポルノ雑誌『スクリュー』に掲載されたらしい、人気ポルノ女優にＩＱテストを行ったという記事が、『バチェラー』１９８４年8月号に転載されている（原典の『スクリュー』掲載号は不明）。

テストを受けた女優は、ヴァネッサ・デル・リオ（Ｂ95・５）、アニー・スプリンクル（Ｂ95・５）、レスリー・ボビー（Ｂ91・４）、ヴェロニカ・ヴェラ（Ｂ88・９）、キャンディダ・ロイヤル（Ｂ86・４）、サマンサ・フォックス（Ｂ86・４）、ティファニー・クラーク（Ｂ81・３）の７人。元記事ではインチ表記だが、ここではセンチに換算した。

ＩＱテストの結果は、ヴァネッサがＩＱ１０７、アニーが１２７、レスリーが１２６、ヴェロニカが１３１、キャンディダが１３１、サマンサが１１２、ティファニーが１０４というものだ。全員が１００以上、ヴェロニカとキャンディダに至っては１３１と、かなり高い数値を出している。そして、この結果を元にする限り、胸の大きさとＩＱには因果関係を見出すことはできない。

『バチェラー』の記事は、こう結んでいる。

要するに、デカパイ女はけっしてパープリンなんかじゃなくて、それどころか、実に優秀な頭脳をもっているということだ。

それでいながら「知的」というよりはどっちかっていうと「痴的」な顔をしているのは、あれは男たちを安心させるための演技なのだ（なかには本物のパープリンもいるのだが、ここではあえてそのことには触れない）。

というわけで、デカパイたちがこれだけ優秀ということは、そのデカパイのファンたる我々も、実はひじょうに知的な集団なのだということも、この『スクリュー』のデータが示してくれた。ということはないけれど、とにかくデカパイ万歳!!

　また2009年にもアメリカの『ウィークリーワールドニュース』が、シカゴ大学の社会学者らの研究で、バストが大きい女性は小さい女性に比べて知能指数が高いという結果が出たと報道した。実際はこのニュースは根拠のない捏造だったそうだが、これも「巨乳は知能指数が低い」という俗説が今なお生きているゆえの逆張りの面白さを狙ったニュースであろう。

清楚な女の子は胸が小さいはず？

　70年代の日本の芸能界に、「アイドル」という概念が誕生する。それまでも若い歌手や俳優、女優などの芸能人が少年少女の憧れの存在となっていたが、70年代に生まれた「アイドル」は、「スター」であったそれ以前の芸能人とは違い、意識的に親しみやすさをアピールしていた。

　1971年にデビューし、元祖アイドルと言われる天地真理や南沙織、小柳ルミ子らは、グラマーとは言えないまでも、それなりにふっくらとしてメリハリのついた体つきをしていた。

　スリーサイズは天地真理がB83・W55・H88、南沙織がB83・W55・H84、そして小柳ルミ子がB84・W57・H87である。

　しかし翌1972年にレコードデビューを果たした小林麻美や、1973年デビューの桜田淳子、浅田美代子は、小林がB80・W58・H84、桜田がB78・W58・H84、浅田がB75・W

57・H81と胸が小さくウエストもさほど細くない幼児体型タイプだ。以降、アイドルはこうしたプロポーションの女の子が主流となっていく。

この時期にデビューしたアグネス・チャンが事務所の意向で大きな胸を隠すためにサラシを巻いていたというのは有名なエピソードである。ちなみにデビュー当時のアグネスは、バストとヒップのサイズは非公開。ウエストが58センチであることだけが公表されていた。

当時の女性アイドルには、性の匂いのしない処女性が求められていたのだ（その割には、あからさまにセックスを連想される歌詞の歌も歌わされているのだが、それもそのギャップを狙っていたのだろうか？）。

そのため、セクシーなアピールにつながる肉感的な体型は敬遠されたのである。このあたりは第一章で触れたキリスト教の影響が強い暗黒時代の中世ヨーロッパで、巨乳が卑しいものだとされたことと近い発想だろう。

ライターの藤木ただし（現・藤木TDC）が『バチェラー』1988年12月号掲載の「超伝説Dカップレトロアイドル大会」において、この時期以降のアイドルについて面白い考察をしている。それはアイドルの公表バストサイズが84センチに集中しているという事実だ。当時としては破格の巨乳アイドルとして知られる河合奈保子も1980年のデビュー時のスリーサイズはB84・W60・H84となっている。1981年にデビューし、グラマラスなボディが魅力的だった小出広美もバストは84センチである。いずれも、明らかにそれ以上のサイズだと目視できるのだが、公式データでは逆サバを読んでいるわけだ。

70年代から80年代のアイドル業界では、バスト84センチと85センチの間に大きな境界線が存在した。つまりバスト85センチからが「大きなオッパイ」だと認識されていたことになる。

藤木はこの記事の中で「セックスを売りものとしないアイドルは、胸もまた84が限界なのである」と述べている。正統派アイドルであるためには、バスト84センチを死守する必要があったのだ。たとえ本当はそれ以上のサイズがあったとしても。

ちなみに、榊原郁恵はB85・W63・H88、柏原芳恵はB85・W57・H86。彼女たちは「胸が大きい」ということを、テレビ番組や雑誌などで、よくいじられていた。事務所も巨乳であることを受け入れていたということなのだろうか？

コイン、ナイン、ペチャパイ

では60年代後半から脚光を浴びた「ちいさな胸」はなんと呼ばれていたのだろうか。

「ボイン」の名称を一般化させた月亭可朝の1969年発売のヒット曲『嘆きのボイン』の歌詞では、大きなオッパイ＝ボインだけではなく、小さなオッパイについても触れられている。

おおっきいのんがボインなら
ちっちゃいのんはコインやで

もっとちっちゃいのんは
ナインやで

小さい＝コイン、ない＝ナインという意味だろう。コインは定着することはなかったが、ナインは一部で使われることがあった。

『週刊ポスト』（小学館）1977年2月14日号の「横綱輪島のかわい子ちゃんとはっけよい」なる輪島の対談連載のゲストは当時18歳の女優・五十嵐めぐみ。彼女の発言である「私、ナインだから、ブラジャーが落ちちゃうの」が大きな見出しとして使われているし、『なかよし』（講談社）1975年10月号掲載の「エンゼル＝トリオ恋ぐるい」（別府ちづ子）という少女漫画にも「ナイン」というセリフがある。

それよりも多用された表現が「ぺチャパイ」であった。ぺちゃんこのおっぱいの意味である。『週刊プレイボーイ』1969年7月15日号で、既に「ぺチャパイ」は使われている。『嘆きのボイン』は同年12月10日発売なので、こちらの方が使われたのは早いということになる。

第五章で触れる「デカパイ」という表現は、『平凡パンチ』1967年8月28日号で早くも使用例が見つかっているので（普及するのは70年代に入ってからだが）、デカいオッパイ＝デカパイの対比としてセットで生まれた表現なのかもしれない。

少女向け雑誌である『セブンティーン』（集英社）でも1975年5月20日号の「STおし

ゃれ特集　薄着になるまえに再チェック！　ブラジャー大研究」という特集で「ペチャパイ」は使われているので、女の子の間でも定着していたようだ。

70年代に使われた小さなオッパイのもうひとつの表現が「エグレ」である。１９７６年からスタートしたラジオ番組『キャンディーズ情報局』（ラジオたんぱ）の中で「日本エグレの会」なるグループが結成されている。会長はキャンディーズのミキちゃんこと藤村美樹、副会長がこの番組のパーソナリティであるアナウンサーの大橋照子。

もともとは大橋照子のあだ名だったが、藤村美樹も胸が小さいことをネタにされていたため、番組中で「日本エグレの会」が発足した。本来は胸の小さな女性のための会のはずだが、会員はほとんどがキャンディーズファンの男性だったという。

番組中で、キャンディーズは自らのヒット曲『その気にさせないで』の替え歌で『エグレと言わないで』を発表（同じく『ハート泥棒』の替え歌で『バスト77センチ』というのもあった）、大橋照子も初のエッセイ集『愛の風は風力３』（祥伝社　１９７７年）に「えぐれ・獅子舞・チェリーです」というサブタイトルを付けるほど、彼女たちの定番ネタだったのだ。

キャンディーズたちが自虐ネタとして「エグレ」を連呼していたことからもわかるように、この時期も必ずしも小さい胸がよいものとして扱われていたわけではない。胸が小さい女性は、大きい胸に対してコンプレックスを抱いてはいたのだ。

グラビアアイドルの元祖、アグネス・ラム

そんな70年代に、豊かなバストの魅力で日本に旋風を巻き起こした19歳の少女がいた。1975年、ハワイからやってきたアグネス・ラムである。彼女がCMや雑誌のグラビアなどに登場すると、たちまち大きな話題を呼んだ。

中国人の父親とハワイ人の母親を持つ彼女は、日本人にも親しみやすい愛らしい顔立ちと、褐色の肌、そしてビキニからはみ出さんばかりの豊かなバストというルックスを武器に男性たちの心を摑んだ。

そう、彼女の武器はルックスだけだった。当時の「アイドル」と呼ばれる存在は、歌と演技が主な活動だったのだが、アグネス・ラムはあくまでもグラビアとCMだけで人気を高めていった。いちおうシングル2枚、アルバム2枚も発売しているのだが、そちらは成功とは言い難いセールスに終わっている。

人気が頂点に達した1976年には、あらゆる雑誌のグラビアに登場。『週刊読売』では、10週にわたってモデルとして表紙を飾った（当初は10週連続の予定だったが、ロッキード事件や毛沢東死去などのビッグニュースが飛び込んだため、飛び飛び掲載となった）。また『週刊プレイボーイ』でポスター50枚プレゼントの告知をしたところ、12万通の応募があったと言う。アグネス・ラムの水着グラビアが日本中を席巻したのだ。

1977年にワコールが調査した「魅力のあるバスト」では、2位の由美かおる、3位の小柳ルミ子を抑えて、アグネス・ラムが堂々の1位を獲得。

ハワイ在住であり、日本には年に1回ペースで来日するだけ。日本語もほとんどしゃべれない。そんな女の子が、圧倒的な人気を誇ったのである。

アグネス・ラムをグラビアアイドルの元祖と位置づけることは定説となっている。グラビアアイドルという名称が一般化するのは90年代に入ってからなので、もちろん当時、アグネス・ラムがそう呼ばれることはなかったが、歌や演技にも頼らず、テレビ番組に出演することもなく圧倒的な人気を誇っていた彼女のあり方は、現在のグラビアアイドルそのものであり、当時としては異色の存在だったのだ。

アグネス・ラムの爆発的な人気は、ルックスだけでも男性に支持されることが可能だと示した。そして彼女の最大の武器は、健康的なボディ、とりわけ形よく盛り上がった90センチのバストだった。

しかし、アグネス・ラムの人気は1977年には、もう終息してしまう。歌も演技もできない、中身がないのに9日間の来日で一千万円も荒稼ぎした、などとマスコミもバッシングし始めたのだ。

1978年の3度目の来日時には完全に過去の人となり、船橋ヘルスセンターでのアマチュアカメラマンの水着撮影会のモデルを務めるまでに、その扱いは寂しいものとなっていた。

麻田奈美、リンゴヌードの衝撃

この時期、グラビアのみの活動で若い男性を虜にしていたアイドルがもう一人いる。1973年に『平凡パンチ』1月29日号のグラビアでデビューした麻田奈美である。

彼女は、水着までの露出しかなかったアグネス・ラムとは違い、オールヌードまで披露していた。特に『平凡パンチ』3月12日号に掲載された、真っ赤なリンゴで股間を隠した通称「リンゴヌード」は、大きな反響を呼び、彼女の代名詞となった。カメラマンは青柳陽一。そもそも麻田奈美がデビューすることとなったきっかけは、「娘の美しい姿を記録しておきたい」と言う母に連れられて、青柳のスタジオを訪れたことだ。以降、麻田奈美のヌード写真のほとんどは、青柳の撮影によるものである。

このリンゴヌードはポスターにもなり、飛ぶように売れた。間違いなく70年代を代表するヌード写真である。

1972年に撮影されたという「リンゴヌード」を見ると、あどけない顔立ちではありながらも肉づきのよい堂々たる体格で、何よりも豊かなバストが目を惹く。当時は85センチのDカップだったとのことだが、現在の計測ならもう少し大きいカップだろう。

他の写真を見ると、肉感的ではあるものの、少女らしい肉づきで、八重歯が愛くるしい顔立ちということもあり、18歳という年齢よりも幼い印象がある。大人の女性の成熟したヌードとは対局にある、初々しさが眩しいヌードである。

それでも、胸が小さく華奢な体型のアイドルが主流だった時期に、麻田奈美の豊満なボディは強烈なインパクトがあった。彼女のグラビアが掲載された号の『平凡パンチ』は飛躍的に部数を伸ばした。

しかし、その年の4月に一ヶ月にわたるブラジルロケから帰国すると麻田奈美はヌード封印を宣言する。彼女はその理由を「若く美しい時の記念としてヌードを撮ったけれど、ブラジルで食べすぎて太ってしまったから、もう人には見せられない」と語っている。

また自分のバストについても、コンプレックスがあったようだ。

「大きいという自覚はもちろんありましたね（笑）。でも、どちらかというと『大きすぎてやだな』って感じ。すくすく育っちゃったから仕方ないけど、自分ではもうちょっと小っちゃいのがいいなって思ってました」（『麻田奈美写真集 APPLE 1972-1977』アスペクト　2000年の発行時のインタビューより）

その後、休業期間を挟み、麻田奈美は1978年の『GORO』（小学館）での篠山紀信撮影のグラビアを最後に完全に引退する。

麻田奈美もまた、グラビアを主戦場とするグラビアアイドルの元祖的存在だった。ただ、彼女の場合はヌードだったので、やはり90年代に名称が生まれる「ヌードル」（ヌードアイドル）の原型と言ってもいいかもしれない。

グラビア、CMの他に、いちおうレコードデビューも果たしているが（『おそい夏』日本コロムビア　1973年）、こちらはヒットしなかったというのもアグネス・ラムと同じパターンだ。

麻田奈美の場合は、本人に芸能界で活躍しようという意欲が全くなかったために、活動が広がらなかったという背景がある。熊井啓監督から映画の主演へのオファーがあったものの断り、代わりに抜擢されたのが関根恵子（高橋恵子）だというのも有名なエピソードだ。レコードデビューに関しても「売れなかったです（笑）。でもそのほうがいいと思っていました。だって売れたら『また2曲目』という話になっちゃうから」（『麻田奈美写真集 APPLE 1972–1977』）と、あくまでも消極的な態度であった。

オナペットと呼ばれた巨乳たち

アグネス・ラムも麻田奈美も、当時は「オナペット」と呼ばれることがあった。オナニーとペットをかけあわせた和製英語で、ようはオナニーをする際に興奮の対象とされる女性を指す言葉だ。

オナペットという言葉自体は、60年代後半の渥美マリなどのセクシーな女優の名称として生まれたが、70年代にはもう少しアイドルよりの女性を指すことが多くなる。若い男性の性の対象が、セクシーな女優からアイドルへと移り変わったからだ。そして、その代表的な存在が、アグネス・ラムや麻田奈美だったのだ。

もちろん、桜田淳子や浅田美代子でオナニーする若者もいただろうが、やはり一般的にはグラマラスな肉体を持つアグネス・ラムや麻田奈美の方がオナペットのイメージに合う。

歌番組やドラマ、インタビューなどでキャラクターを強く打ち出すことで、疑似恋人感をファンに抱かせるアイドルたちとは違い、グラビアのビジュアルだけで魅せるアグネス・ラムや麻田奈美は、そこに妄想を忍ばせる余白があることで、より強く男性の性欲にアピールしたのではないだろうか。

アグネス・ラムの人気が絶頂を迎えた1976年には、もう一人の巨乳オナペットが登場している。獨協大学1年生の時に、家電販売店「ラオックス」や「ヤマハシステムコンポ」のCMに出演して話題となった、かたせ梨乃である。「ラオックス」のCMはラオックスのロゴ入りのタンクトップを着たかたせ梨乃がユサユサと胸を揺らすというもの。「ヤマハ」のCMは、黒革のジャンプスーツのファスナーを引き下ろすと胸の谷間が見えるというもの。どちらも95センチという豊満なバストを大々的に打ち出したCMである。

『GORO』1976年12月23日号に、この「ラオックス」のCMを紹介した3ページのグラビアが掲載されているのだが、扉の1ページには片腕を突き上げて満面の笑みを浮かべるかたせ梨乃の顔がアップになっているものの、次の見開きは「ラオックス」のロゴ入りタンクトップに包まれた乳房が揺れる様を撮った4枚の分解写真だけ。CM画面を撮影したものだろう。

かたせ梨乃の顔は一切写っておらず、上半身のアップだけなのだ。

扉ページに書かれた「B・95！　衝撃の『ユッサ、ユッサバストCM』の迫力瞬間をよ〜く眺めよう！」というキャッチコピーそのままのページ構成である。

見開きページの下に小さく書かれた本文はこうである。

「オッ！天はついに二物を梨乃に与えた。まるで地震のあとの山津波だ。芸術ではない、原始の輝きそのものだ。オーディションで80人から選ばれた梨乃は、朝日無線がラオックスと社名変更したCFシンボル。売上げはあっと言う間に6割増！梨乃のディープゾーンは4つあるのだ。ヤー、ヤー、ヤシの実かグローブか。リー、リー、リノパイの丸かじり!!」

同時期の『週刊プレイボーイ』1976年11月2日号でのインタビューも、「バストが重くて肩がコっちゃうの」という見出し通りに、胸のことに話題は集中している。この文中では、グラビアに登場した時の反響がすごかったことが語られているし、『GORO』の記事でも、ラオックスのCMの人気の高さがわかる。かたせ梨乃が大いに注目されていることは事実なのに、どこか彼女の豊満な胸をバカにしたようなニュアンスが感じられる扱いなのである。

のちに女優として開花するかたせ梨乃だが、この時点では、その大きな胸が彼女の唯一のセールスポイントであった。そしてそれへの支持は絶大なものだったことも間違いない。

しかしこの当時は巨乳であるということは、同時にネガティブなイメージを背負うということでもあった。すなわち、「セクシャルである」、そして「頭が悪い」。

つまり、男性が「大きいオッパイが好き」だと表明することは「いやらしくて頭の悪い女性が好き」だと認めることになる。

巨乳が好きだと、大っぴらには言えない時代が訪れていたのである。

第五章　デカパイからDカップへ

巨乳専門誌『バチェラー』の誕生

1977年、一冊の雑誌が大亜出版（現・ダイアプレス）から創刊された。誌名は『月刊Bachelor（バチェラー）』。創刊号の目次には「Bachelorとは華麗なひとりもののことBachelorはアダルトエージに贈る　Bachelorはアイドル&TV情報がいっぱい　Bachelorはクロスオーバー・マガジン」とコンセプトが書かれている。

後に巨乳専門誌として知られることになる『バチェラー』だが、創刊時は芸能色の強い若者向け総合グラフ誌だったのだ。

創刊号の表紙は女性ロックバンドのガールズ（後にジューシィ・フルーツを結成するイリアが在籍）。他に荒木一郎の特集や、横田順彌のSF小説、スーパーカーにファッション、地方競馬などバラエティに富んだ内容となっている。後に『ドラゴンクエスト』で有名になる堀井雄二がTBSラジオの人気番組『夜はともだち』の直撃ルポを書いていたりもする。

続く2号（1977年12月号と1978年1月号の合併号）の表紙は松本ちえこ。グラビアには香坂みゆきが登場している。

外国人モデルのヌードグラビアもあるものの、アダルト色は極めて薄い。おそらく当時大人気だった『GORO』のラインを狙った誌面なのだろうが、むしろ『GORO』よりも、お色気成分は少ないかもしれない。

2号の編集後記で編集長（その後、麻魔羅少将の名前でAV監督として活躍し、『オレンジ通信』の名物編集長となる石井始氏）が「エロ本作りに戻りたいよ〜お」と叫び、副編集長が「わたくしの目の黒いうちは、決してエロ本は作らせません。安心してご継続ください」と書いているのだが、皮肉なことに、次々号の第4号から『バチェラー』は外国人ヌード雑誌として大きく路線変更する。

1984年から4代目編集長として、30年以上も『バチェラー』を手がけてきた白石弘氏は語る。

「創刊時の路線が大失敗だったんですよ。返本率が8割だったかな。それで慌ててエロ本に路線を変えた。当時、辰巳出版の『クールガイ』って雑誌の別冊で、外国人のカラミばかりの本を出したのがすごく売れてたので、それをそっくりマネしたんです」

ピンク・レディーが表紙の3号と、金髪女性が背後から男性に胸を摑まれている4号は、どう見ても同じ雑誌とは思えない。

内容も外国人モデルのカラミ（男女、もしくは女性同士の性行為）のグラビアが中心になった完全なアダルト雑誌だ。誌名ロゴも大文字の「BACHELOR」となり、キャッチフレーズも「新野性派男性雑誌」に変わった。

創刊20周年を控えた1996年12月号から「日本一の巨乳ファン　マサキさんの極私的BACHELORと巨乳の20年」なる記事が連載されているのだが、創刊号からの愛読者であるマサキ氏が、この変貌に立ち会った際の驚きを綴っている。

4号が出たのは年も改まった1978年の2月（4月号）。過去3号とはまったく装いが変わっていたのでビックリした。表紙もグラビアもモデルはすべて外人。記事も100％海外ものとなり、アイドル芸能誌の色は完全に払拭されていた。私としてはこの変身は歓迎だった。誌面の9割がヌード・グラフで、しかも絡みが多かった。巻頭の11ページを占めていた絡みの女性が唯一グラマーだった。推定90cmEカップ。私が見るところではバチェラー史上初のボインだった。

外国人モデルのカラミヌード誌となった『バチェラー』だったが、この時点ではまだ巨乳を意識してはいなかった。当時の日本人モデルよりはグラマラスな外国人モデルが多かったものの、特にそこに重点を置いた編集はしていなかったのである。

路線変更により、売上は持ち直したものの、2年足らずでまた陰りが見え始めた。この時期、『Mr．ダンディ』（サンデー社、中央出版）、『ギャラントメン』（日本メール・オーダー）、『クールガイ』（蒼竜社）、『ターゲット』（辰巳出版）、『マイハスラー』（笠倉出版社）、『V-CUP』（蒼竜社）など、洋物ヌードを掲載する雑誌が乱立していたのだ。

そして1979年後半に3代目編集長・毛利朋友氏が打ち出したのが巨乳路線だったのであ

る。

それまでにも巨乳のモデルが誌面を飾ることが度々あり、その反響が大きかったことから手応えはあったのだろうが、白石氏は「（毛利編集長の）個人的な趣味だったと思う」と語っている。

1979年11月号からは「BUST BOMB COLLECTION」が始まる。巨乳モデルを紹介するコーナーである。第一回に登場したのは、バスト108センチのシャロン・マーティンと、バスト104センチのダイアナ・ロジャース。

『バチェラー』は少しずつ巨乳専門誌へと姿を変えていったのである。

そしてそれは、まだ潜在的だった巨乳愛好者たちに、熱烈に支持されたのだ。

デカパイという表現

『バチェラー』が巨乳路線に移行したと言っても、当時は「巨乳」という表現はまだ使われていなかった。

この頃、大きな胸を表す言葉として多用されていたのは、「グラマー」「ボイン」、そして「デカパイ」である。

デカいオッパイの略である「デカパイ」は、前章でも触れたように『平凡パンチ』1967

年8月28日号に既に登場しているため、60年代でも単発的に使用されていたが、一般的に多用されるようになるのは70年代に入ってからだ。70年代前半では、まだ「グラマー」「ボイン」の方が多いくらいだが、後半になると「デカパイ」の使用量が増えてくる。何かのきっかけで一気に広まったということは無く、少しずつ使われるようになったようだ。

1977年に望月三起也が『ビッグコミック』（小学館）でグラマーな女性刑事が活躍する『Oh! 刑事パイ』という漫画を連載していることから見ると、この時期には既にデカパイという表現は一般化していたと考えてもいいだろう。

また1977年に当時アイドルとして人気の高かった大場久美子が、巨大なプリンを作り、「私のプリンは〜」と歌うと、そのプリンを目の前にした子供たちが「デカプリン！」と叫び、大場久美子が恥ずかしそうに自分の胸を押さえるという「ハウスプリン」のCMが流行したことの影響もあるのかもしれない。

大場久美子自身は当時の公称サイズがB80・W58・H83とスレンダー体型であり、水着姿もあまり披露しなかったのだが、実は巨乳だという噂があり、CMの印象からデカプリンちゃんなどと呼ばれることもあった。

巨乳路線に転換した『バチェラー』では、「デカパイ」の使用率はかなり高い。誌面づくりの参考となったアメリカの巨乳専門誌『フリング』や『ジェント』をデカパイ雑誌、巨乳モデルをデカパイ・モデル、出回り始めた巨乳物AVをデカパイ・ビデオなどと呼ぶなど、ジャンルの名称としても「デカパイ」を使っている。

現在からすると、コミカルなイメージの「ボイン」以上に、下品さすら感じられる「デカパイ」だが、当時は「胸が大きい」ことへのネガティブなイメージもあり、その若干バカにしたようなニュアンス込みでフィットしていたのかもしれない。

デカパイは「巨乳」という表現が浸透した90年代後半でも頻繁に使われるなど、息の長い呼び方だったが、00年代にはほぼ見なくなっていた。

ビニ本の人気は「素人」っぽさ

アダルトメディア史的に見ると、70年代から80年代へ移り変わる時期に大きな変革があった。ビニール本＝ビニ本の登場、そしてアダルトビデオ＝ＡＶの誕生である。

ビニール本は70年代末から80年代初頭にかけて大ブームとなったヌード写真集である。店頭では透明なビニールに包まれて販売され、中身を見ることができないためビニール本と呼ばれるようになった。露出度が高く、下着の布地越しに当時はご法度であった陰毛や、さらには性器までが透けて見えるといった露出度の高さが話題となり、大ブームとなったのである。

こうしたビニ本で人気が高かったモデルは、素人っぽい清楚な少女（に見える）タイプだった。小川恵子、中村絵美、木下まゆみ、田口ゆかり……。いずれも少女っぽい顔立ちと体つきで、グラマラスなモデルはいない。どこにでもいそうな「普通の可愛い女の子」が、人気を集めたのである。

こうした流れは、その少し前に盛り上がった自販機本（70年代の半ばから登場した自動販売機のみで販売されるエロ本）からあったようだ。

とにかく安く作ることが義務付けられた自販機本の世界では、女性誌は求人誌にモデル募集の広告を出し、「脱がない」モデルだと思ってやってきた女性を現場で口説き落としては脱がして出演させるということをやっていたらしい。

当時はヌードモデルのトップは、日活ロマンポルノやピンク映画の女優であったが、そうした女優やプロのヌードモデルを使うルートも予算もない自販機本の編集者たちは、素人女性を調達し、そのまま「素人娘」として売り出した。それが好評を得たのだ。

自販機本と入れ替わるように人気を集めたビニ本でも、その傾向は変わらなかった。それ以前のエロ本に登場していた、いかにも水商売をやっていそうなケバケバしい女性は敬遠され、素人っぽいムードの少女が好まれたのだ。それは1981年に登場する非合法の無修正本＝裏本でも同じだった。

裏本も『ぼたん』『金閣寺』『法隆寺』といったごく初期の作品には、メイクの濃い水商売風のモデルが出演していたが、すぐに素人っぽい女の子が主流になっていった。

後にAV情報誌の雄となる『オレンジ通信』（東京三世社）も80年代半ばまでは、ビニ本や裏本なども扱う総合アダルトメディア情報誌だった。その創刊5周年号にあたる1986年12月号では「オールタイムベストセレクション」として、各ジャンルのベスト作品を選出している。

名作として選ばれているビニ本40冊、裏本30冊の中には、巨乳のモデルの出演作は、ほとんど見つからない。

これらの紹介文を見ると「普通っぽいかわいい女の子」「女の子の質はもう完全に普通に街を歩いている娘らと区別がつかない程普通に近い女のコだった」「これほど水っぽくない少女が」などの表現があり、「普通っぽい」ことが高評価につながっていることがわかる。

そして、普通っぽい子とはセックスの匂いの薄い子であり、巨乳の子はそれとは相反するイメージがあるということだ。

また、露出度が勝負のビニ本や、無修正の裏本においては、乳房よりも局部の方に注目が集まったために、胸の大小はあまりポイントとならなかったという面もある。

これはハードコア時代になったことで、巨乳が重視されなくなったという70年代のアメリカのポルノ事情と同じである。

『オレンジ通信』1984年9月号を見てみよう。この号では約50冊のビニ本、約30冊の裏本、約30本の裏ビデオが紹介されているのだが、その中で乳房の大きさに触れている文章は、わずか2ヶ所だけ。『レイプマン』という裏ビデオでの「ちょっと太目だが、見事なボインがユサユサと揺れて素晴らしい」と、『二人でいいとも』という裏本の「裏表紙のタレパイGAL」という表記だけなのだ。当時の乳房の大きさへの関心の低さが伺える。

さらに『オレンジ通信』1985年2月号では、1984年度ビニ本ベスト10が選ばれているが、その中に巨乳のモデルの子のビニ本は一冊もない。これは翌年の同誌のビニ本ベスト10、裏本ベスト10でも同じだ。

AVユーザーは胸に興味がない？

1981年に誕生したアダルトビデオ＝AVにおいても、この「素人（イメージ）重視」は継承された。

AVも黎明期は、成人映画関係のメーカーやスタッフによる制作が多かったため、出演しているのも大半が成人映画の女優であった。

しかし、次第にビニ本の版元が制作した作品に人気が集まるようになっていく。その代表的なメーカーが、ビニ本の大手版元のハミング社の映像部門として誕生した宇宙企画だった。

宇宙企画は、若い素人女性を積極的に起用した作品を作り、好評を得ていた。特に1984年に発売された『ミス本番・裕美子19歳』は空前の大ヒットを記録した。

主演の田所裕美子は、それ以前に成人映画もビニ本にも出演したことのない素人で、いかにも「普通に可愛らしい」女の子だった。胸も形よく盛り上がっているが、決して大きくはない。「プロっぽくなく、身近にいそうで、でもとびっきり可愛らしい女の子が、セックスを見せる」という衝撃が『ミス本番・裕美子19歳』をヒットさせたのだ。これによってビニ本の方法論がAVでも継承されることとなる。宇宙企画の他にもKUKI、VIPなど、ビニ本版元から派生したメーカーがAVの主流となっていった。

今度はAV情報誌『ビデパル』（フロム出版）1984年11月号を見てみよう。約70本紹介されているAVの中で、乳房の大きさについて触れている文章はなんと一ヶ所もない。AV関係以外でも、にっかつロマンポルノをビデオソフト化した『宇能鴻一郎の伊豆の踊子』の朝吹ケイトの胸について「バストも踊る超迫力！」、さらにテレビドラマ『ザ・サスペンス』の紹介記事で「発育度バツグンの高瀬春奈のバスト」、そして後で触れる中村京子の記事で連発される「Dカップ」のみである。

秋川レイ子など、写真で見る限りなかなか胸が大きそうな女優の作品紹介でも、そこには触れていない。当時のAVユーザーは、胸の大きさについて、全く興味がなかったのだろうか。『オレンジ通信』1986年2月号の「1985年度読者が選ぶモデルBEST10」で選ばれているのは、竹下ゆかり、菊池エリ、杉原光輪子、青木さやか、沖田真子、マリア、橋本杏子、ヨシコちゃん、城源寺くるみ、森田水絵。この中で明らかに巨乳と言えるのは、菊池エリだけだ。後は、スレンダーで乳房は小ぶりな美少女タイプばかりである。

AVのメインストリームは巨乳を無視していたようにも見える。しかし、既に巨乳AVは作られ始めていた。

初の「巨乳AV」が発売

初めて「大きな乳房」を意識したタイトルのAVは1982年に発売された『恵子　バスト90桃色乳首』（ヘラルド・エンタープライズ／ポニー）である。主演は藤尚美。タイトル通りのバスト90センチの巨乳をセールスポイントとして1982年から1984年にかけて活躍した。『淫舞なぶり縄』（監督・梅沢薫　東映セントラルフィルム）や『痴漢電車　もっと続けて』（監督・滝田洋二郎　新東宝）などのピンク映画やSM雑誌のグラビアなどにも出演している。

AV情報誌『ビデオプレス』1982年7月号に『恵子　バスト90桃色乳首』の紹介記事が掲載されている。この記事によると、エマニエル・パック生撮り・同録シリーズとして『快楽泥棒・裂けたレオタード』『マントル・ギャル／喪失』『筆責めじらし観音』と同時発売だったようだ。生撮りというのは、ビデオソフト用に撮り下ろした作品を示す言葉で、当時のAVは成人映画をソフト化したものも多かったために、それと区別するために、こう呼ばれていた。

「（前略）中でも特に『恵子…』の日本人離れしたバスト90センチは見応えがある。手に余るバスト。それを一度でいいから揉んでみたいという欲望にかられる男性が多いのではないだろうか」
既に巨乳雑誌に路線変更していた『バチェラー』1983年3月号では紹介文も、さすがにもう少しテンションが高くなっている。

最近やせすぎの女が多いとお悩みの貴兄に、いいビデオがあります。「恵子・バスト90桃色乳首」、演じますはSMで人気急上昇赤丸二重丸の藤尚美嬢であります。彼女、お面の方が少々アバズレ風で、イマイチ気勢があがらないのだが、ボディの方は抜群。ビデオのタイトルどおりの桃色乳首は、清純ムード満点なのであります。なによりも特筆すべきは、横になってもバストがくずれない。これは彼女のバストがプリンプリンに張りきっているという、何よりの証拠ではありませんか。

エアロビクスじゃ、ジャズダンスじゃと、女性はやせることに必死であります。やせていることとイコールスタイルが良い、など大きな間違いです。やせすぎな女などどこのバカな男が愛するというのでしょうか。少なくとも、バチェラーの読者の中には、そのようなオロカな考えの者はいないだろう。別にデブが美しいと言っているんじゃない。グラマーが良いと言っているのであります。藤尚美ちゃんもグラマーの復権をめざして、乳首が黒ずむまでの間、多いにガンバッテ欲しいと思います。（後略）

この時期、女性はスレンダーこそが美しいというのが主流派で、『バチェラー』読者のようなグラマー好きは少数派だったという状況がこの原稿から読み取れる。

後にAV情報誌やAV評論家などがまとめたAVの名作や名AV女優のベスト・セレクションの中に『恵子　バスト90桃色乳首』や藤尚美の名前を見ることは、ほとんどないが、巨乳好きの間での評価は高く、今でも同作や彼女の出演作は数万円のプレミア価格で取引されている。

実は同時発売の『筆責めじらし観音』も藤尚美の出演作なのだが、巨乳のイメージの強い『恵子…』の方がよく売れたようだ。

ジャンルとなった「巨乳AV」

1982年末には序章で触れたビデオ通販会社ヴィ・シー・エーが、ラス・メイヤー作品の直輸入販売の反響が大きかったことや、販売を取り扱っていた『恵子　バスト90桃色乳首』などの巨乳AVも好セールスだったことから、1983年よりオリジナル巨乳AVの制作に乗り出す。

小路谷秀樹監督による第1作『淫乳　バストアップ95』もヒットし、以降ヴィ・シー・エーは巨乳路線を歩んでいくこととなる。

『ビデオプレス』などに掲載されていたTFCビデオコレクターズ（ヴィ・シー・エー）の広

告でも「D-CUPファンに贈る、デカパイ女優の競演！」「好評デカパイシリーズの新作D-CUP」「D-CUPベスト・コレクション!!」など、巨乳AVをプッシュするようになっていった。

1983年は日本ビデオ協会が個人用レンタルシステムを発表し、ビデオソフトが販売からレンタル中心へと移り変わり始めた年である。それはビデオソフトが家庭に普及し始めたということでもある。

AVメーカーは50社を超え、ビデ倫（日本ビデオ倫理協会）の審査本数は年間千タイトルを突破した。AVの販売本数も飛躍的に増加したのである。

その中で、胸の大きいモデルを起用したAVも少しずつ増加し、まだまだ小さいながらも熱心なファンに支えられ、ひとつのジャンルを形成していった。

欧米の巨乳モデル中心のみを取り上げていた『バチェラー』にも日本人モデルが登場し始め、この年の12月号には「JAPANESE D-CUP VIDEO BEST4」という記事で『フレッシュダンス　ストップモーション』『D-CUP変態バスト　スローモーション』『肉裂異人館　妊婦物語』『女高生乱戯』の4本のAVを紹介している。『バチェラー』読者の巨乳マニアたちのお眼鏡にかなう巨乳AVも増えつつあったのだ。ちなみに『フレッシュダンス…』『D-CUP変態バスト…』には、後述する元祖巨乳女優・中村京子も出演している。

当初は「デカパイビデオ」などと呼ばれていたこのジャンルのAVは「Dカップビデオ」と

呼ばれるようになっていた。ヴィ・シー・エーの広告にも、ウィンクする巨乳女性をデフォルメしたイラストに「D-CUP」の文字を組み合わせたシンボルマークが登場するようになった。ボイン、デカパイに続く、大きな乳房を表現する新しい言葉「Dカップ」が広まり始めていたのだ。

巨乳はDカップと呼ばれた

当時を知らない若い世代には「Dカップ」が巨乳を意味する表現だったということは、今ひとつピンとこないだろう。現在の基準で言えば、20代〜30代の女性で最も多いカップサイズがDカップ（28・3％）であり（株式会社アイシェア　2011年調べ）、標準か、やや大きい程度という印象だろう。

しかし80年代後半から90年代にかけて、「Dカップ」は巨乳の代名詞だったのだ。

日本のアダルトメディアで最初に巨乳を表現する言葉として「Dカップ」を使ったのは、1980年に『バチェラー』の増刊号として発売された『D-CUP』だと思われる。

1979年末から「巨乳路線」を打ち出した『バチェラー』の既刊号から、巨乳モデルのグラビアや巨乳にまつわる記事をセレクトしたり、ロサンジェルスの老舗ポルノメーカー、パーラメント社などから買いつけた巨乳グラビアで編集したムックである。日本のエロ本史の中でも、巨乳に特化した本としても最初の一冊ということになるだろう。

それ以前の『バチェラー』では、大きい乳房のことは、「グラマー」「ボイン」「デカパイ」と表現しており、特に多用されていたのが「デカパイ」だ。「Dカップ」の使用例は見当たらない。

では、なぜこの増刊号のタイトルに「D-CUP」とつけたのだろうか。

そもそも「Dカップ」は、アメリカのアダルトマガジンで使われていた表現だ。特に、『バチェラー』のネタ元でもあったアメリカの老舗巨乳雑誌『ジェント』には、表紙に「Home of the D-Cups」と書かれているほどだ。アメリカでもDカップは巨乳を表す言葉なのである。増刊号『D-CUP』は好調な売れ行きを示し、その後も年に一冊のペースで発売されることとなる。

そして『バチェラー』本誌でも、「D-CUP」「Dカップ」といった表現がだんだん多用されるようになる。Dカップの女性を「Dカッパー」などと呼ぶこともあった。

１９８１年に入ると、他誌でも「Dカップ」の表現が使われ始める。辰巳出版からは『美女D-CUPメイト』というムックも発売される。当時の『バチェラー』では既に、現在でいう「爆乳」クラスのモデルを起用していたが、『美女D-CUPメイト』はそこまでは大きくはなく、やや大きいかな、という程度のモデルがほとんどだった。それでも、このように「大きな乳房」にテーマを絞ったエロ本が作られ始めたということは、それがジャンルとして作り手側からも認識されてきたということだった。

男女のカップ表記に対する温度差

ただし『D-CUP』以前からも、胸が大きいという意味でカップ表示を使っている例がある。しかもさらに大きい「Eカップ」だ。

それは『D-CUP』が発売される5年も前の1975年、そしてなんと少女漫画であった。前章で「ナイン」の使用例として紹介した『なかよし』（講談社）1975年10月号掲載の『エンゼルトリオ=恋ぐるい』（別府ちづ子）のサブタイトルは「対決！　Eカップの巻」なのである。

エンゼルトリオことラン、スー、ミキの3人のクラスに白鳥みちるという女の子が転校してくる。みちるの美少女ぶりに男子生徒や男性教師も浮足立ち、それに反感を覚える3人が彼女と対決するというストーリーだ。

身体測定の時にスーが記録係のみちるに「ドーだ、85のBカップだゾ」と自慢するも、クスリと笑われる。その後の体育の時間、みちるの体操服がやぶれると、ブラジャーに包まれた大きな胸が現れる。「み、見た見た?」「スゴイ」「超ボイン」と盛り上がる男子生徒たち。するとみちるはスーに言い放つ。

「あたしのバストはモンローもまっつぁお。95のEカップ。外国製のブラでないとあわないのよ」

主人公たちは中学生（高校生？）。Bカップでも大きいと自慢できるはずなのに、Eカップとはずいぶん大きなサイズを出してきたものだ。とはいえ、少女漫画なので、みちるもほっそりとした華奢なスタイルで描かれ、とてもEカップあるとは思えないのだが。

1975年の段階では、アダルトメディアや男性向け雑誌では、胸の大きさは胸囲の数値で表す例しか見当たらないのだが、『セブンティーン』（集英社）のような少女向け雑誌では、ブラジャーの記事などでカップの説明をしている。

ちょうど「対決！　Eカップの巻」が掲載された同じ年の『セブンティーン』5月20日号でも「STおしゃれ特集　薄着になるまえに再チェック！　ブラジャー大研究」という特集がある。ブラジャーのサイズの調べ方から、ブラジャーの種類、胸の形に合わせたブラジャーの選び方、ズレないブラジャーの着け方、そして洗濯のコツまで紹介している。やはり実際にブラジャーを装着している少女向けということで、極めて実用的な記事になっているし、彼女たちにとってカップ表示も身近なものだということがわかる。

実は同じ年の『週刊プレイボーイ』7月1日号でも「男のオフリミット地帯に密着取材！　女のコの下着を剝ぐ！」という女性下着の記事が掲載されている。こちらではブラジャーだけではなく、パンティやガードル、ボディスーツなどにまで言及されている。

『セブンティーン』読者の少女たちにとってはブラジャーは身につけるものだが、『週刊プレイボーイ』読者の男性にとっては脱がすものだ。「ホック（止め金）はほとんどが背中についているが、前についているフロント・ホックのものもある。フロント・ホックは両の乳房の間にある。もう1つホルター・ネックがある。これはストラップ（紐）が背中で交差していて、ぬがすのにちょっぴり骨だ」などと脱がし方のテクニックも解説されている。

この記事では「ブラジャーの大きさはＡＢＣＤカップまである。ボインの麓から頂上の乳首までの高さが10センチならＡカップ、13センチはＢカップ、15センチＣカップ、17センチ以上だとＤカップとなる」などとカップの解説もしている。『セブンティーン』の記事ではＡカップからＣカップまでしか紹介していないのに『週刊プレイボーイ』ではＤカップまで触れているのは、読者の対象年齢の違いからだろうか。

このように男性雑誌でも、既にブラジャーのカップについての説明は行われてはいたのだが、女性のバストの大きさをカップで表現するという発想は80年代の「Ｄカップ」ブームまで生まれなかった。

Ｄカップ京子、デビュー！

80年代前半、「Ｄカップ」という表現は少しずつ拡散し、エロ本だけではなく『週刊現代』（講談社）、『週刊宝石』（光文社）、『週刊文春』（文藝春秋）といった週刊誌でも使われるようになっていた。

しかし「Ｄカップ」を一般的な表現として広めたのは中村京子の功績だろう。

中村京子がこの業界に初めて登場したのは、１９８２年。「にっかつ新人女優コンテスト」に出場し、受賞は逃したものの、その並外れた巨乳で注目され、ヌードモデルの仕事を始める。この時、中村は女子大生であり、仕事の度に静岡から上京していた。

最初は女性週刊誌のソフトなイメージヌードだけであったが、次第にエロ本やＡＶにも出演するようになる。

ＡＶといっても黎明期であり、まだ内容もソフトな時代だった。中村は2年足らずで50本以上のビデオに出演。当時は最も出演本数の多いＡＶ女優であったが、本番は一切行わず、フェラもほとんどしていない。それでもそれだけの人気があったのだ。

ヌードモデルとしての仕事と並行して、ライターとしても活躍していた。１９８４年からは『平凡パンチ』の読者投稿ページ「パンチ・トーキング・ジム」のワンコーナーを担当することになる。この時につけられたニックネームが「Ｄカップ京子」だった。担当コラムは「Ｄカップに愛をこめて」（後に「Ｄカップ京子のおっぱい戦争」）。この名前がついたきっかけを中村京子本人に聞いた。

「読者コーナーだから、中村京子って普通の名前よりも変なニックネームがついてた方が読者の受けもいいだろうって編集者がつけたんです。それまでは特にDカップだなんて意識してなかったんですけどね。だいたいボインとかデカパイって言われてました」

それ以降、Dカップというのは、中村京子の代名詞となった。

中村京子は当時、プロダクションに属していないフリーのモデルだったということもあり、フットワークが非常に軽く、様々な分野の仕事を受けていた。雑誌のグラビアに登場するのはもちろん、ビアガーデンで女相撲もやれば、吉本新喜劇にもレギュラーで出演した。テレビの深夜番組も総ナメだった。『ドリフ大爆笑』ではゴールデンタイムに加藤茶、志村けん、小泉今日子と共演している。

『平凡パンチ』では表紙とグラビアも飾っている。1984年9月17日号では、両手で乳首を隠した中村京子が「お待たせ！ ワタシが噂のDカップ京子デース」とセリフ付きで表紙に登場。巻頭の「薬師丸ひろ子『Wの悲劇』完全密着取材32時間」に続いて、6ページのグラビアも掲載されている。

リードコピーはこうだ。

「パンチ・トーキング・ジムが生んだ最大のスター、Dカップ京子。イレブン、トゥナイト、フォーカス、ブンシュンetcと、おっぱいフリークスの道を驀進しつつある京子だが、素顔の彼女を知っているのはPUNCHだけ。というわけで、Dカップ京子大特集だ!!」

その号の「Dカップ京子のおっぱい戦争」によれば、一泊二日の小淵沢ロケで撮影されたというが、牛や馬と一緒だったり、清里の駅前通りで乳房を露出したりと、企画色の強いグラビアとなっている。

続いて1985年1月7日号の新年号でも、丑年にちなんで、谷岡ヤスジの描く牛に跨る中村京子の姿が表紙を飾った。

その年には、主演を務めたにっかつロマンポルノ作品『巨大バスト99　Dカップの女』が公開。初の著書『Dカップ・パフォーマンス　京子の業界きまぐれモデル稼業』（立風書房）も発売されている。常に彼女には「Dカップ」の文字がついて回った。

また4月には、ヴイ・シー・エーが運営するビデオショップ「池袋サンビデオ」と『バチェラー』による「Dカップギャルコンテスト」が開催され、「対抗馬がいないのでは？」という下馬評通りに中村京子が圧倒的な人気で1位を獲得している（2位は高野奈緒美、3位はしのざきさとみ）。

メジャー、マイナーを縦横無尽に駆け巡る彼女の活躍により、胸が大きい＝Dカップという表現は一気に広がる。1984年以降は、多くの雑誌で巨乳のことをDカップと表記するようになっていた。

Dカップ女優たち

80年代も後半に入るとAVは最初の黄金期を迎えていた。ビニ本、裏本、裏ビデオといったアンダーグラウンド、もしくは半アンダーグラウンドで作られていた他のアダルトメディアとは一線を画すように、AVはどんどんメジャー化していった。その勢いは、それまでアダルトメディアの王者であったにっかつロマンポルノを壊滅に追いやってしまうほどだった。

高い人気を誇るAV女優（当時はビデギャルなどと呼ばれていた）が次々と登場し、エロ本だけではなく、一般週刊誌のグラビアを飾ったり、テレビ番組に登場したりもした。それは少し前に中村京子が切り開いた道であったが、彼女のような色物扱いではなく、まるで本当のアイドルのように扱われたのだ。中にはAV女優でありながら、インタビューでは下ネタは禁止とする子まで現れた。

『オレンジ通信』1988年2月号で発表された「1987 ORANGE THE BEST モデル読者投票」を見てみると、第1位は立原友香。以下、中沢慶子、前原祐子、宮條優子、かわいさとみ、沢木夕子、葉山みどり、冴島奈緒、藤あかね、百瀬まりもと続く。

1位の立原友香は1987年にデビュー。八重歯がキュートな幼く愛らしい顔立ちとEカップのバストで高い人気を誇った。デビュー時は処女だったという噂もあったが、わずか2年足らずの活動期間で18億円とも言われるセールスを打ち立てた。

そして7位の葉山みどり、8位の冴島奈緒、9位の藤あかねは、Eカップやfカップの巨乳の持ち主であった。いずれも、スレンダーなボディに豊かな乳房というナイスバディタイプで顔立ちも整っていた。

3年前の1984年度の同ベスト10では、菊池エリ一人しかランクインしていなかったのに、4人に増加している。従来のスレンダーな美少女タイプと堂々とわたり合っているのだ。

1987年には、この他にもEカップの速水舞、Dカップの姫宮めぐみ（星真琴）などもデビューしているし、1985年デビューの菊池エリも健在だった。

大きな乳房の女の子たちが、人気を集めるようになっていたのだ。彼女たちの出演作には、カップ数をうたったタイトルが多かった。

彼女たちはEカップやFカップと、Dカップを上回るサイズの乳房の持ち主だったが、それでも「Dカップ」とくくられることが多かった。

また1986年には『メディアプレス』（三和出版）がDカップ専門誌として創刊。「日本一のDカップ雑誌をめざすぞ！」と宣言し、洋物中心の『バチェラー』とは差別化を図った初の和物巨乳雑誌となる。またこの年には、洋物巨乳雑誌『マジョクラブ』（大洋書房）も創刊され、『バチェラー』の対抗馬となった。その表紙には「D-CUPはおまかせ」のコピーが躍っている。

錦糸町にはデートクラブ「D-CUP」、新橋にファッションヘルス店「ヘルスDカップ」、そして吉原にはソープランド「Dカップコレクション」が開店するなど、その影響は風俗界にも波及した。

Dカップブームが訪れたのだ。

グラビアアイドル第1号・堀江しのぶ

この時期に、もうひとつ忘れてはならない動きがあった。新しいスタイルのアイドル、堀江しのぶのデビューだ。

堀江しのぶは1983年のクラリオンガールコンテストで平凡パンチ・アイドル賞を受賞し、翌1984年に『ビキニバケーション』（キティ・レコード）でレコードデビュー。

しかし、彼女の主戦場は雑誌のグラビアだった。その大胆な水着姿は、読者の目を奪った。

堀江しのぶは身長162センチ、スリーサイズはB90・W60・H90（デビュー時の公式サイズ）というグラマラスなプロポーションだった。特にEカップのバストは、強烈なインパクトがあった。そのボディをビキニだけで隠して、惜しげもなく晒したのだ。

彼女を売り出したのは、当時、芸能プロダクション・イエローキャブの社長に就任したばかりの野田義治だった。クラリオンガールコンテスト選考会の運営を任されていた野田は、堀江の笑顔に強く惹かれ、自社のタレントとして獲得する。その時は、彼女が豊かなバストの持ち主であることは、知らなかったのだという。

しかし弱小プロダクションであるイエローキャブは堀江しのぶの売り出しに苦労した。そこで野田が取った作戦がグラビアだった。それもビキニ姿で登場させたのだ。

アイドル・タレントは、ワンピースやセパレートの水着が当たり前だった時代に、いきなりビキニである。

あどけない愛らしい顔立ちなのに、豊満ボディ。小さなビキニから、はみ出さんばかりの大きな胸。男性読者が、飛びつかないはずがなかった。

タイミングもよかった。グラビア中心の男性誌の創刊ラッシュの時期でもあったのだ。

『DELUXE マガジン』（1984年6号　講談社）では、いきなり表紙から巻頭29ページで特写。

「伊藤麻衣子、森尾由美を発掘、そして全面バックアップしてきたDXマガジンが、次に発掘、そして、いきなり大迫力カラーでハワイ特写した堀江しのぶ。『84年はしのぶで決まり』とスタッフ全員、全力投球したカラーページはいかがでしたか？（中略）そして、バスト88、ウエスト62、ヒップ89の超ボリュームは、あのかつて、大ブームを巻きおこしたアグネス・ラムをホウフツさせる。まさに『ぼくらのアイドル』と呼ぶにふさわしいしのぶだ。みんなもマガジンといっしょに応援してくれよな！」

というグラビアページの締めの文章にも、編集者の意気込みが感じられる。この号では、グラビアムで堀江しのぶを撮影できるという読者参加企画の参加者も募集。反響も大きかったようで、『DELUXE マガジン』は毎号、堀江しのぶをプッシュしていった。

最初は水着で売り出すが、その後はバラエティやドラマで通用するようなタレントに育てていく。「脱がせて、だんだん着せていく」という、後のイエローキャブ方式がこの時に確立されたのである。

『DELUXE マガジン』でも引き合いに出されたアグネス・ラムが、グラビアアイドルの元祖的存在だとしたら、堀江しのぶは、グラビアアイドル第1号だと言えよう。この時点では、まだグラビアアイドルという名称はなかったが、そのスタイルはここから始まったのである。

そして、野田の目論見通りに、堀江しのぶはテレビ番組へと活躍の場を広げていき、人気ドラマやバラエティ番組に次々と出演。さらなる活躍が期待される最中の1988年に、スキルス性胃がんが発見され、わずか23歳の人生に幕を下ろすことになってしまう。

しかし、野田は堀江しのぶでつかんだ手法により、この後、数多くのグラビアアイドルを世に送り出し、イエローキャブを「巨乳帝国」とまで言われるプロダクションへと発展させていく。

ちなみに堀江しのぶの活動時は、まだアイドルの胸をカップで呼ぶことはほとんどなかったが、『スコラ』（スコラ）1985年2月28日号に表紙と巻頭グラビアを飾った時のタイトルが「19歳はEカップ」であった。

漫画へ波及したDカップ

1988年8月に白夜書房から『Dカップコレクション』、翌9月に桜桃書房から『Dカップ倶楽部』が発売された。どちらもいわゆるエロ漫画の雑誌形式の単行本で『Dカップコレクション』の表紙には「全ての巨乳愛好家に贈る衝撃の美少女コミックマガジン」、『Dカップ倶楽部』には「Dカップマニア専門誌」「B90以下は女じゃないというデカパイマニアのキミのために」（裏表紙）というキャッチコピーが書かれている。成人向けコミックにも、Dカップ=巨乳専門誌が誕生したわけだ。

もともと漫画では記号的な意味合いとしても女性ということを強調するために乳房を大きめに描くという傾向はあり、いわゆる大人向け漫画やエロ劇画ではグラマラスなヒロインが登場することは多かった。

しかし80年代に入って、エロ漫画界にはロリコンブームが吹き荒れた。1981年末の『コミックレモンピープル』（あまとりあ社）創刊をきっかけに、10代の少女をモチーフにしたエロ漫画が人気を集めたのだ。それ以前にもエロ劇画が女子高生などを扱うことは珍しくなかったが、この時期に脚光を浴びたロリコンコミックは、少年漫画や少女漫画のようなタッチで描かれ、それまでのエロ劇画の湿度の高い暗さとは一線を画したものだった。

こうした漫画の中では、ヒロインは当然のように少女体型で描かれた。胸もお尻も小さく、くびれもあまりない子供のようなプロポーションが肯定的に捉えられていたのだ。

ロリコンブームは漫画だけではなく、実写のアダルトメディアにも押し寄せており、今では考えられないことだが、あらゆるエロ雑誌、そして一般雑誌にも18歳未満の少女のヌードグラビアが掲載されていたのである。

80年代前半のエロ雑誌やAVで、胸の大きなモデルが敬遠されていたのは、こうしたブームが背景にあったとも言える。

しかし、ロリコンコミックの中でも、わたなべわたるなど、可愛らしい少女でありながら明らかに胸の大きいヒロインを描く作家が少しずつ台頭し始めた。

その流れで生まれたのが『Dカップコレクション』『Dカップ倶楽部』だったのだ。『Dカップコレクション』創刊号掲載の作家は、北御牧慶、亜麻木硅、唯登詩樹、船戸ひとしなど。『Dカップ倶楽部』創刊号掲載の作家は、しのざき嶺、たべ・こーじ、よしだけいなど。

そしてそのどちらにも掲載されているのが、にしまきとおるである。『Dカップコレクション』創刊号でデビューを飾り（実際には『Dカップ倶楽部』掲載作品の方が先に描かれた）、現在に至るまで巨乳漫画家として活動を続けているが、1989年から1991年までカジワラタケシの筆名で『少年マガジン』で『彼女はデリケート！』という作品を連載していた。

『彼女はデリケート！』はラブコメ要素の強いボクシング漫画として始まったが、登場する女性キャラクターがほぼ全員巨乳ということで注目を浴び、彼女たちのフィギュアまで作られるほどの人気を集めた。

それまで少年漫画では、胸が大きいヒロインは少なかったのだが、この時期から巨乳化が進んでいった。

あどけなく清楚な少女キャラが人気であることは変わらないものの、少女体型ではなく胸だけは大きい、いわゆるロリ巨乳のヒロインが、エロ漫画や少年漫画でも主流になっていったのだ。

ちなみに『Dカップ倶楽部』創刊号の巻末には、「いまや最も期待される新人D-CUPマンガ家」として奥平哲男＝北御牧慶のインタビューが掲載されていて、ここでは奥平が『バチェラー』の常連イラスト投稿者だったことが語られている。

初投稿だと思われる1985年3月号を見ると、DOHC TURBOのペンネームで見事な巨乳（後で言う爆乳レベル）イラスト3枚が掲載されている。しかも、なんと「私は、葛飾の高校生です」と自己紹介している。高校生にして『バチェラー』愛読者だったのだ。

また、にしまきとおるも『バチェラー』によって巨乳嗜好に目覚めたことを認めている。『Dカップ倶楽部』でも編集者がやたらと『バチェラー』について触れているなど、当時の巨乳愛好者は二次元（漫画）も三次元（実写）も区別なく愛読し、密接な関係にあったことがわかる。

なぜ「Dカップ」だったのか？

ところで、なぜ「Dカップ」が単にカップサイズではなく、「大きな乳房」そのものの総称として使われるようになったのだろうか。

Gカップや Hカップが頻出する現在の巨乳事情と比べて、「昔はDカップでも巨乳だったのに」という言い方をすることがあるが、ここまであげた例でもわかるように、当時もEカップやFカップの持ち主は少なからずいたのである。

というよりも、当時Dカップとされていた女性も、実際にはDカップ以上の大きさに思えるのだ。

Dカップ京子こと中村京子も、当時の写真やビデオを見る限り、Fカップ以上の大きさではないかと推測される。

「当時はカップとかいい加減だったんですよ。その頃はCでも大きいって言われてたから、それより大きいのは全部巨乳みたいな。大きいカップのブラジャー、なかなか売ってないからアンダーが大きいの買ってむりやり入れるとかやってましたね」（中村京子）

前述の通り、Dカップはアメリカのポルノ業界で使われていた用語だ。「Home of the D-Cups」をキャッチフレーズとしている『ジェント』には、現在の爆乳クラスの巨大な乳房のモデルが多数登場している。これで、なぜDカップなのか。その理由は日本とアメリカのブラジャーのサイズ表記の違いだ。

日本ではカップサイズはアンダーバストとトップバストの差から導き出す。トップは乳房の一番膨らんでいる部分、つまり乳頭のある位置で、アンダーは乳房の膨らみの下の部分だ。そしてトップとアンダーの差が10センチならAカップ、12・5センチならBカップ、15センチならCカップ、17・5センチならDカップ、20センチならEカップ、22・5センチならFカップとなる。Aより小さい7・5センチ差のAAカップもある。

例えばアンダーが65センチでトップが85センチならばEカップ。E65と表記される。

アメリカの場合は、インチ表記である。またアンダーではなくバンドサイズを計測する。これは日本のアンダーの位置の背中側からトップの少し上までの円周のことだ。アンダーの数値が偶数なら4インチ、奇数なら5インチをプラスするとバンドサイズになる。トップからバンドサイズを引いた数値がカップとなる。0インチならAAカップ、1インチならAカップ、2インチならBカップ、3インチならCカップ、4インチならDカップ、5インチならDDカップ、6インチならDDDカップ、そして7インチならGカップだ。EではなくDD、FではなくDDDとなるのに、DDDDではなくGとなるのが面白いところだ（DDをE、DDDをFと表記する場合もある）。

アンダーが65センチの場合はインチに換算すると約26インチ。これに4インチを足すと、バンドサイズは30インチということになる。

トップバストが85センチならば約33インチ。ここからバンドサイズの30を引くと3インチ。つまりCカップ。アメリカ表記だと30Cになる。

日本ではEカップのはずが、アメリカではCカップになってしまう。だいたい日本のサイズと1～3カップ差が出るようだ。

またDD、DDDという表記もあるため、日本でいうHカップくらいまでがDのつくカップということになるわけだ。

当初、『バチェラー』などの輸入ポルノ誌では、向こうの表記そのままのデータで掲載していたため、Dカップ=巨乳というイメージが根づいたと考えられる。

『バチェラー』1984年11月号には吉原のソープランド（当時はトルコ表記）で働くEカップのS嬢が紹介されているのだが、当時の読者は「アレ?」と思ったのではないだろうか。S嬢の胸は確かに大きいのだが、Eカップのはずなのに、他のページに登場している金髪の爆乳Dカップモデルと比べると、むしろ小さく見えるのだから。

こうした日米の基準のズレから生まれた「Dカップ」だが、ここまで定着したのは、字面や響きのよさもあった。つまり「D」の文字が巨乳を横から見た形に近いことや、「デカパイ」のDとも取れることなどだ。だからEカップやFカップではなく、Dカップが巨乳の総称として定着したのではと考えられる。

「ちょっとかっこいい言い方だったっていうのもあるんじゃないですか?　それまでがボイン

とかデカパイでしょ？　ちょっとかっこ悪い。私だって、Dカップ京子じゃなくて、デカパイ京子って呼ばれたら、イヤだったと思いますよ（笑）」（中村京子）

１９８８年には、日清カップヌードルが大型サイズに「Dカップヌードル」という商品名で発売したこともあり、巨乳ファンを驚かせた。「デカい」カップヌードルの意味だったのだろうが、やはりクレームでもあったのか、すぐに「カップヌードル　ビッグ」に変更された。

「Dカップ」という表現は、90年代に入って「巨乳」が一般化するにつれ、姿を消していく。それでも、１９９３年に日本人巨乳モデル中心の雑誌として『Dカップ・ジャパン』（蒼竜社）や『ギャルズ・ディー』（ダイアプレス）が創刊されたり、２００５年にも、明らかにDカップを意識した誌名の巨乳専門誌『本当にデカップ』（バウハウス、後にメディア・クライス）が創刊されるなど、その影響は大きかった。

第六章　巨乳の誕生

松坂季実子の衝撃

元号が昭和から平成へと変わった１９８９年の2月、業界の風雲児と目されていた村西とおる監督率いるメーカー、ダイヤモンド映像から一人のＡＶ女優がデビューした。

松坂季実子である。当時、有名女子短大に通っていた19歳。自衛隊幹部の父を持つ厳格な家庭に育ち、整った顔立ちと上品な雰囲気を漂わせていた。そんな彼女の特徴は、あまりにも巨大な乳房だった。

カメラの前で、短大生が恥ずかしそうにシャツを脱ぎ、ブラジャー姿になった。そしてはらりとブラジャーを落とすと、スタジオ中に男どもの悲鳴ともつかぬ声が鳴り響いた。

「でっ……でっけー!!」

胸には人間の頭大ほどの乳房が二つ、たわわに成熟していた。（本橋信宏『全裸監督　村西とおる伝』太田出版　２０１６年）

実は、スレンダー好きな村西監督は、当初あまり彼女の売り出しに積極的ではなかったと言うが、撮影を担当した沢城昭彦監督らの熱心な勧めによって、松坂季実子はダイヤモンド映像の専属女優となることが決まる。

デビュー作のタイトルは現場で上がった驚きの声そのままの『でっか〜いの、めっけ！』となった。パッケージには「驚異の胸囲（バスト）1m10センチ！」のコピーが躍っている。

このデビュー作の発売とほぼ同時に写真週刊誌『フラッシュ』2月7日号（光文社）が、松坂季実子を大々的に取り上げた。

「日本にもいた！　驚異のGカップ、AVに初登場　でっか〜い　ド迫力オッパイ110センチ、巨乳の19歳女子大生」

この記事では村西ファミリーの先輩であるAV女優・黒木香が彼女についてこうコメントしている。

「なんと、羨ましい巨乳！　私、日本女性の中で、これほどの巨乳をお持ちになっている方を見るのは初めてでございます」

同作で松坂の相手をした男優のミッキー柳井も、彼女の巨乳について、こう語っている。

「まるで巨大なマシュマロ、こんなおっぱいは僕も初めてです。一度はこんな巨乳に触りたいと考えるのが男のロマン、男に生まれてよかったと実感しましたね」

さらに記事はこう続く。

　男同士が集まれば、とかく「手にすっぽり収まるお椀型がいい」だの「いや、押しつぶされるようなDカップの感触こそ捨てがたい」だの「乳輪がデカい女は嫌いだ」など、おっぱい談義に花を咲かすのはよくある光景。また、巨乳専門誌なんていうのもあって、誌面には「デカパイ」「淫乳」「パイズリ」「ブタパイ」などのマニア用語が躍っているが、登場するモデルはほとんどが金髪のホルスタイン女性ばかり。そのテの日本人モデルは、せいぜいEカップ止まりというのが相場だった。

が、季実子クンのモノは、かのマリリン・モンローの胸囲（93センチ）を超える立派な国際級サイズだ。やはり平静ではいられません！


松坂季実子のバストが、それまでの日本の「Dカップ女優」「デカパイ女優」の枠を大きくはみ出すものだという驚きが伝わってくる。

さらに『フラッシュ』はその3週間後の2月28日号でも再び松坂季実子を大きく取り上げる。

「110センチ7ミリ！　あの感動的巨乳の女子大生に熱いラブコールが殺到。その爆発的人気に応えて第2弾！　生つばビデオ誌上公開だぜ！　でっか〜い！　再登場はもっと過激に…」

というリード文だけでも、初登場時の反響がいかに大きかったかがわかる。本当かどうかはわからないが、記事では編集部に殺到したというファンレターの一部が紹介されている。

「家に帰ってからダッシュで本屋に買いに行っても、どこも売り切れ。かなり遠くまで買いに行きましたが、それだけの価値のある記事でした」（浪人生）

その大きな乳房と、有名女子短大在学中というプロフィールは世間に大きなインパクトを与え、松坂季実子は一躍時の人となった。

実は彼女は卒業後の就職も決まっていたが、この『フラッシュ』の記事が話題となったことから、それを諦め、AV女優として活動することとなったという。

『フラッシュ』の記事に出てくる「巨乳専門誌」だと思われる『バチェラー』でも当然、本作は熱狂を持って迎えられる。

巨乳好きで知られるAVライター、加納ひろし氏が担当する「Dカップビデオレビュー」のコーナーでは『でっか〜いの、めっけ！』は巻頭を飾り、こんな興奮気味の文章で紹介されている。

いやいやいや、僕は嬉しくて嬉しくてしょうがないのだ。ここ半年間このレヴューを担当するのが半ば苦痛であったくらいで、まったくもって新人Dカップビデギャル業界は不作続きだったのだ。そこに突如登場の某女子短大今春卒業の松坂季実子さん!! トップバスト110cmだ。そう例えばあのクリスティ・キャニオンと同サイズですねぇ。かつ単なるデブではなく、JUNKO-SHIMADAのスーツが似合うプロポーションだ。

（『バチェラー』1989年5月号）

デビュー作『でっか〜いの、めっけ！』は大ヒットを記録した。その頃、ダイヤモンド映像は、村西とおる監督がそれまで所属していたクリスタル映像から独立して旗揚げしたばかりのメーカーだったのだが、なかなかヒット作にめぐまれず、倒産の危機にあったという。

それがこの一作で息を吹き返した。それから毎月1日に松坂季実子の新作が発売されることになり、どの作品も売れに売れた。ここから90年代初頭のAV業界を席巻するダイヤモンド映像の黄金期が始まったのである。

AV業界に吹き荒れた巨乳ブーム

『オレンジ通信』1990年2月号は、恒例の年間ベスト賞発表の特集号で、松坂季実子は「1989年度で読者が最も『お世話になった』女優」である艶技女優賞で見事1位を獲得。アイドル女優賞でも4位にランクインしている。

同号ではAVライター水津宏が1989年のAV業界を総括する文章を書いている。

前年、嵐のように猛威を奮った「淫乱ブーム」であるが、今年に入って急速にその勢いを失う。（中略）それに代わって、今年の大きな流れとなったのが「新」Dカップ路線である。そう、2月1日に発売された『でっか〜いの、めっけ！』（ダイヤモンド映像）でデビューした松坂季実子がその火付け役。今や、黒木香に匹敵するほどの知名度を持つにいたった彼女、110センチ、Gカップの巨乳はド迫力のひと言につきる。昨年10月1日に村西とおる監督が設立したダイヤモンド映像は、彼女の登場によってその位置（原文ママ。地位？）を不動のものとしたと言っていいだろう。以降、同社は毎月1日を「巨乳の日」として松坂の作品をリリースしていくこととなる。

3月に入ると、椎名このみが、『Cカップハイスクール』（VIP）でデビュー、そして、いとうしいな（椎名かほり・柏木ゆかり）、高中翔子、望月未来、東美由紀、エルザ、加山なつ子、庄司みゆきらが、続々とDカップ（或いはそれ以上）女優としてデビューしていく。しかし、松坂があまりにも「巨乳」すぎたあまり、アダルトビデオ業界全体を凌駕するようなブームには至らなかった。いくら胸が大きかろうと、松坂にかなうほどの女の子がおいそれといるわけもなく、各メーカーはプラスαを求める方向へと動いていったのだ。

松坂季実子の大ブレイクを機に、1989年のAV業界には巨乳ブームが吹き荒れたのである。

高校在籍中に柏木ゆかりの名前でグラビアデビューしていたEカップのいとうしいな、実の母親もデビューし母娘共演を果たしたFカップの東美由紀、後に熟女女優として長く活動することとなるFカップの加山なつ子、松坂季実子と同じくダイヤモンド映像からデビューした現役女子体育大生の高中翔子、ボディはスレンダーなのにEカップ巨乳という庄司みゆき、名前の通り野性味のあるエキゾチックなルックスが魅力だったFカップのエルザ、あどけない顔立ちのロリ巨乳の中原絵美、天然パイパンであり、今にも泣き出しそうな顔立ちが愛らしい工藤ひとみ、そして、愛らしい顔立ちとCDシングル大と言われる大きな乳輪のアンバランスさが魅力だった五島めぐも巨乳ファンに圧倒的に支持されていた。

1989年度の『オレンジ通信』アイドル女優賞1位の樹まり子もEカップのグラマラスなボディの持ち主だった。

1989年は、毎月のように巨乳女優がデビューし、巨乳ファンを喜ばせたが、もちろん日本人女性の胸が急に大きくなったわけではない。巨乳にニーズがあるのだと知ったAVメーカーが、それまで重視していなかった巨乳女性を積極的に送り出すようになったためだと思われる。

高槻彰監督もこう証言している。

「松坂季実子が登場してブレイクしたのは嬉しかったですね。それまでにも僕は自分が好きだから、こういう胸がすごく大きくて少し太めのタイプの子を何人も見つけて、『撮りませんか?』って持っていってたんだけど、みんな拒否されてたんです。その時に求められてたのは、とにかく痩せてる美人だったから。だから松坂季実子が売れたことで、初めて肉の魅力が認められたんですよ」

『バチェラー』1993年1月号の「巨乳AVの興亡」という記事では、当時の松坂ショックがいかに大きいものだったのか、そしてその後に与えた影響をこう回想している。

89年2月1日。松坂季実子嬢は『でっか〜いの、めっけ!』でダイヤモンド映像専属女優としてデビューした。それは実にショッキングな出来事だった。当時を代表する巨乳AV嬢といえば冴島奈緒だったわけだが、それは日本人としては大きい、という程度のものでしかなかった。アメリカのポルノ女優やストリッパーに多数見られるシリコン・バストは比較しても無意味だが、天然乳でも100センチ級のオッパイは外人ならば少なくない。松坂季実子嬢はそれらにけっしてひけをとらないオッパイの持ち主であった。そして写真週刊誌などを通じて、そのインパクトは巨乳に興味のない人々をも揺り動かしたのだ。

松坂季実子嬢の「成功」は第二、第三のスーパーバストを生み出した。それまでのAV界では「巨乳」はそれほど価値のあるものではなかった。それはマイナーな、マニアックな人々のみを対象とするものだった、筈であった。だが、現実に松坂季実子嬢はあのケタ外れのオッパイを武器に人気を得た。デカパイはウリになることが証明されたわけである。

さらに言ってしまえば、それまではAVでは、人気が出る子は、あくまでも「顔が可愛い」かどうかで判断されていたのが、多少顔が劣っても、胸が大きいというメリットがそれを上回って人気を集められるのだとメーカーが気づいたということでもあった。

それは前年に吹き荒れた「淫乱」ブームで判明した事実であった。

淫乱ブームは、1997年に代々木忠監督の『いんらんパフォーマンス　GINZAカリカリ娘』（アテナ映像）でデビューした咲田葵を発端とし、1988年に『吸淫力 史上最強のワイセツ』（SAMM）でデビューした豊丸の出現で爆発した。それまで受け身が当たり前であり、快感を覚えても慎ましい反応がよしとされていた女性像を破壊したのが、淫乱ブームだった。己の快感のままに男性を貪ろうとする淫乱女優たちは、それまでAVの王道だった美少女的なルックスとはかけ離れていても、人気を集めたのだ。

淫乱ブームに関しての詳細は、拙著『痴女の誕生　アダルトメディアは女性をどう描いてきたのか』（太田出版 2016年）を参照していただきたいが、このムーブメントはAV女優は顔以外のセールスポイントを打ち出すことでも売れるのだという事実をメーカーに気づかせたのである。

そして、キャラクターである「淫乱」だけではなく、「巨乳」という顔以外のボディパーツも大きなセールスポイントとなることが判明したわけだ。

「巨乳」はいつ生まれた言葉か

大きな乳房を表現する言葉として、現在最も使われているのが「巨乳」である。

本書でここまで述べてきたように、その言葉は、豊満な肉体を表す「肉体」「グラマー」から、大きな胸そのものを表す「ボイン」「デカパイ」「Dカップ」などと変化をしてきたが、90年以降は、ほぼ「巨乳」で統一されることとなり、「巨乳」にとって代わる言葉も、今のところ生まれていない。

では、「巨乳」という言葉はどのようにして生まれたのであろうか。

現在のひとつの定説としては、芸能評論家の肥留間正明が『フラッシュ』の記者時代に、前出の松坂季実子初登場の記事の中で使ったのが最初というものがある。

「日本にもいた！　驚異のGカップ、ＡＶに初登場　でっか〜い　ド迫力オッパイ１１０センチ、巨乳の19歳女子大生」というタイトルがそれに当たるのだろう。

もうひとつの定説が、１９８５年6月に日本公開されたラリー・リヴェーン監督、リサ・デリュー主演によるアメリカの成人映画『RAW TALENT』の邦題『マシュマロ・ウェーブ巨乳』（ニューセレクト）を最初の使用例とするものだ。この年の12月には同じニューセレクト配給でラス・メイヤー監督の『BENEATH THE VALLEY OF THE ULTRA-VIXENS』が『ウルトラ・ビクセン／大巨乳たち』の邦題で日本公開されている。『フラッシュ』の松坂季実子の記事は1989年なので、こちらの方が5年も早いということになる。

しかし、そもそも「巨乳」という言葉自体は、それよりかなり前から使われているのだ。筆者の調査では、最も古い使用例は、なんと1967年、『平凡パンチ』8月28日号である。「たまには女性に同情しよう」というタイトルの無記名コラムの中で、女性の様々な「疲れ」について触れており、その中の「バスト疲れ」で登場する。

バスト疲れ　でかければでかいほどいいみたいだけど、ミルク製造機もバカでかいとぶらついて肩がこる。あの世に行っちまったマンスフィールドなんか特製ブラジャーでささえていても、肩にかかる巨乳のウェートは、山に登るときに背負うリュックサックを年中しょってるみたいだったそうである（後略）。

2ヶ月前に自動車事故でこの世を去ったジェーン・マンスフィールドの胸を表現する言葉として唐突に登場している。字面だけ見ても、巨大な乳房なのだとひと目でわかるからであろう。この「新語」に対して特に説明はない。

その後も、「巨乳」という言葉は様々な雑誌で時々登場するのだが、「ボイン」や「デカパイ」のように多用されることはなかった。他に「巨大乳房」「巨パイ」などの使用例が発見されていることから考えても、単なる言葉のバリエーションとして、その場の思いつきで書かれていたと思われる。おそらく古くから使われている大きなペニスを意味する「巨根」あたりからヒントを得ての表現ではないだろうか。

そもそも50年代から70年代にかけて、乳房を「大きい」と表現することは少なく、ほとんどが「豊かな」だった。まれに「巨大な乳房」という記述も見つかるが、それはアフリカの先住民女性の乳房のことであるなど、非日常的な意味合いを含む表現だった。乳房を「大きい」、ましてや「巨大」と表現することは、日常的ではなかったのである。

ちなみに乳房を大きいと表現する古い使用例では、１９１９年（大正8年）にルポルタージュ作家の石角春洋（石角春之助）の『穴さがし五分間応接』という著書の中に「大乳房」という表現がある。「大乳房の女と五分間応接」という章があり「大きくやわらかな乳房の女についてこれを言えば、第一だらしがなくて気の利かないわかりの遅い女が多い」となっている。もっとも「小乳房の女」も、神経過敏で感傷的だとされているのだが。

そして「巨乳」は成長した

最も早くから「巨乳」という言葉を多用し始めたのは、やはり『バチェラー』のようだ。「巨乳」という言葉が最初に登場したのは、1980年12月号に掲載された読者のペンネーム「巨乳崇拝者」だろう。その2号後の1981年2月号のジェーンというモデルの紹介コラムにも「巨乳マニア」という言葉が出てくる。1982年2月号のラス・メイヤー監督のインタビューでも「もし私が、巨乳崇拝者でなかったなら、芸術映画の監督になっていただろう」という回答がある。

近い言葉まで含めれば、1979年1月号のグラビアに「巨大乳房信奉者に愛をこめて」というタイトルがつけられている。

いずれも、女性の乳房そのものではなく、巨乳が好きな男性の意味として使われているのが興味深い。

1983年頃から、『バチェラー』誌面での「巨乳」の使用率が高まり、1984年にはそれまで主流だった「デカパイ」「Dカップ」と同じくらいにまで増えている。

既に洋物巨乳雑誌としての地位を確立していた『バチェラー』だけに、『マシュマロ・ウェーブ　巨乳』の邦題をつけたニューセレクトの担当者が参考にしていなかったとは考えにくい。

もちろん『バチェラー』以前にも「巨乳」の使用例はあるし、『バチェラー』誌面においても、自然発生的に認知されていった表現だと思われるので、「巨乳」の名付け親を個人に限定するのはあまり意味がないだろう。

ただし、1983年頃から『バチェラー』誌上で使われ始めたことが、「巨乳」という表現が世に広まる発端となったのは、間違いない。

ここで注意しておきたいのは、この時点で「巨乳」と表現されたのは、すべて海外モデルの乳房だけだということだ。この時期のアメリカやヨーロッパのヌードモデルは、巨乳化が激しく、当時の日本のモデルとは比べ物にならないほど豊かなバストの持ち主が多かった。だからこそ、巨大な乳房＝巨乳という表現が生まれたのだろう。デカパイやDカップという言葉ではカバーしきれない大きさの乳房を前にした時に、「巨乳」という表現が自然と出てきたのではないだろうか。

しかし、1986年には早くも、Eカップ女優の吉沢まどか主演のAV『SM巨乳奴隷』（スタジオ418）や、細山智明監督によるピンク映画『菊池エリ　巨乳』（新東宝）が登場。この年には『アップル通信』（三和出版）などの日本のAV雑誌でも、巨乳という表現がちらほら目につくようになっていた。巨乳は、もはや海外のものではなくなりつつあったのだ。

毎月1日は巨乳の日

とは言え、「巨乳」という言葉が一気に広がったのは、やはり松坂季実子の登場がきっかけであることは間違いない。

1989年の松坂季実子デビューを機に「超巨乳ギャルがサラリーマンに突撃――私のオッパイ持ち上げて」(『週刊宝石』1989年6月22日号)、「母と一緒にホストクラブ通い――元祖巨乳池玲子の寂しい夜」(『週刊文春』1989年8月17・24日号)、「秋の温泉Fカップギャルと誌上でご一緒『巨乳でお湯が溢れちゃいます』」(『週刊現代』1989年10月28日号)など、一般の雑誌でも「巨乳」の表現が使われるようになったのである。

翌1990年には、『週刊少年サンデー』に『巨乳ハンター』(安永航一郎 小学館)という漫画が連載された。少年漫画誌の読者にも認知されるほどに「巨乳」という言葉は広まっていたということだ。

松坂季実子は、『週刊大衆』(双葉社)で各界著名人との対談の連載を持ったり、『オールナイトフジ』などのテレビ番組にも多数出演。1990年には、ラサール石井とデュエットしたシングルCD『ソレソレどうするの?』(徳間ジャパンコミュニケーションズ)を発売するなど、AVの枠を超えて活躍した。

松坂季実子のブレイクのきっかけが『フラッシュ』の記事だとすれば、それを書いた肥留間正明が「巨乳」という言葉を広めたとも言えなくもない。

そして、松坂季実子の存在が広く認知されるに連れ、「巨乳」という言葉も広まったとすれば、その仕掛け人とも言うべき人物がもう一人いる。


「『巨乳』って誰が名づけたのか、よく聞かれるんだけど、おれはいつも言ってるんだから。巨乳の名づけ親は本橋信宏だって。ダイヤモンド映像から毎月一日に松坂季実子の新作が出てたでしょう。そのとき、内容紹介のキャプションで、『巨乳』ってあなたが使っていたんだよ。だから間違いない。あれから『巨乳』って言葉が広まったんだから。おれはね、本当はきらいだったんだ、『巨乳』って言葉が。ハハハ」（本橋信宏『全裸監督　村西とおる伝』）

当時、ダイヤモンド映像の広報担当として、「毎月一日は巨乳の日」とキャンペーンを仕掛けていた本橋信宏にそう語ったのは、堀江しのぶを発掘し、その後も多数の巨乳グラビアアイドルを世に送り出したプロダクション「イエローキャブ」「サンズ」社長（当時）の野田義治である。

１９８９年に松坂季実子が切り開いた「巨乳」という金脈を、90年代にさらに掘り起こしていったのは、後続のＡＶ女優たちではなく、野田が送り出したグラビアアイドルたちだったのだ。

堀江しのぶを継ぐもの

堀江しのぶが1988年に、23歳の若さで死去した後、所属プロダクション、イエローキャブの社長・野田義治は彼女を売り出した方法論を活かして、次々とグラビアアイドルを世に送り出した。

その第1弾が、かとうれいこだった。東宝芸能から星野裕子としてグラビアデビューした後、野田に目をつけられてイエローキャブに移籍し、星野麗子に改名。1989年に第16代クラリオンガールに選出されると同時に、かとうれいこと再び改名し、一躍脚光を浴びることとなる。整った愛らしい顔立ちに、86センチEカップの美巨乳を大胆なビキニで惜しげもなく晒したかとうれいこのグラビアは圧倒的に支持された。写真集やイメージビデオを短いスパンで次々と発売し、そのいずれもがヒットした。

1991年にはテレビドラマ『平成嵐山一家』（テレビ東京系）や『女教師仕置人 復讐の女神』（Again）などのVシネマに主演。さらにアサヒビールイメージガール、アデランスのCMに出演するなど、その人気は決定的なものとなった。

野田は確信した。

「グラマーが受ける時代が来た！」

かとうは、野田の要求に応えられるだけの容姿と実力、頭のよさを兼ね備えていた。野田の言うことをきちんと理解することもできた。かとうはまさにキラーコンテンツであり、胸の大きなコには歌や演技はできない、という業界の常識をひっくり返したのである。

ノンフィクション作家・大下英治が野田義治の活動を追った『巨乳をビジネスにした男　野田義治の流儀』（講談社　２００８年）の一節である。同書には、当時の芸能界において、巨乳がタレントにとってマイナスポイントだったという記述が何度も登場する。

当時、巨乳はグラビア以外ではまったく歓迎されなかった。むしろ、普通のテレビやCMでは、マイナス要素となってしまう。（中略）野田がいくら星野の営業をかけても、業界の声は冷たかった。

「オッパイの大きなコを、CMで使うのはどうもね」

「胸の大きいコに、歌は無理だろう」

１９８４年にアメリカで作られた映画『グラマー大作戦　ピンク・タイフーン』（原題：

TAKIN' IT OFF　監督：エド・ハンセン）は、当時「世界一の巨乳」と言われ、ラス・メイヤー監督作品の常連女優だったキトゥン・ナティヴィダッドの主演作で、ストリッパーのベティがテレビ番組の仕事を得るためにダイエットして胸を小さくしようとするドタバタコメディだ。

エージェントはベティに言う。

「そのパイオツが邪魔なんだ」

ベティの大きすぎる胸がスポンサーに評判が悪いらしい。

「舞台には良くてもテレビには向かん。胸が、もう3インチほど小さくなれば、来月にも君をテレビ番組に出演させてやれるんだ」

ベティの超巨乳はストリップ劇場では大人気なのだが、テレビの世界ではそれは障害となってしまう。かくしてベティは胸を小さくするために、様々なチャレンジをしていくのだ。

ユニセックスとウーマンリブの波をくぐり抜け、再びグラマーが脚光を浴び始めた80年代のアメリカでも、同じような状況はあったということだ。

そして90年代初頭の日本で、野田義治たちはそこに風穴を開けようとしていた。

伝説の眼帯ブラ

イエローキャブは1990年に、かとうれいこに続くグラビアアイドルを送り出した。かとうを遥かに上回る94センチFカップの巨乳の持ち主、細川ふみえだ。『週刊少年マガジン』（講談社）のミスマガジン・グランプリに輝いたのをきっかけに芸能界デビュー。

彼女のお披露目グラビアは、『DELUXE マガジン ORE』の1991年2月号に掲載された。『ORE』は堀江しのぶのブレイクのきっかけとなった『DELUXE マガジン』の後継誌である。

サイパンで撮影されたそのグラビアで細川ふみえが身につけていたのは、極めて面積が小さい過激なビキニであり、トップスはその豊満な乳房のトップ部分がかろうじて隠れる程度のサイズしかない三角形の布地に過ぎなかった。彼女の豊満なFカップの乳房はほとんどはみ出てしまう。

『ORE』の表紙には「これが限界ギリギリ挑発ビキニだ!!」というキャッチコピーが書かれ、『フライデー』に掲載された際には「細川典江チャンの『Fカップ』に生ツバゴックン！」（デビュー時は典江表記だった）という露骨にセクシャルなキャッチコピーがつけられた。海上自衛隊幹部の父を持つ厳格な家庭（奇しくも松坂季実子と同じである）に育った細川には、かなり抵抗があったようだが、このグラビアは大評判となり、その時のビキニは形状から「眼帯ブラ」と呼ばれ、伝説となった。

細川ふみえは、かとうれいこをしのぐほどの人気で各誌のグラビアを席巻した。実はかとうは気が強く、仕事の選り好みをするタイプだったため、かとうが断った仕事を細川がみんな受けていたとも言われている。その細川の真面目で人当たりのよさそうなキャラクターと、豊満なボディのギャップも人気の理由だった。

この年には、テレビ番組『桜っ子クラブ』から生まれたアイドルグループ「桜っ子クラブさくら組」のメンバーである井上晴美がソロデビューに際して、そのEカップのバストに1億円の保険をかけたことも話題となった。

そしてグラビアの時代へ

80年代末から90年代半ばまでの時期は、「アイドル冬の時代」と呼ばれており、それまでの歌手活動を中心とするアイドルのスタイルが行き詰まりを見せていた。テレビからは歌番組が消え、アイドルのヒット曲も少なくなっていた。

その一方でビールメーカーや下着メーカーなどのキャンペーンガール、レースクイーンが注目され、各誌のグラビアを飾った。キャンペーンガールからは小松千春や松嶋菜々子、藤原紀香、中島史恵、吉野公佳、レースクイーンからは岡本夏生、吉岡美穂などが登場し、人気を集めた。

さらに1992年にはフジテレビによる「ビジュアル・クイーン・オブ・ザ・イヤー」と、

『ヤングジャンプ』主催の「全国女子高生制服コレクション」がスタート。以降、グラビアアイドルの登竜門となる。

そして、空前のヘアヌードブームがやって来た。1991年の『water fruit／樋口可南子』（撮影：篠山紀信　朝日出版社）を突破口として、数多くのヘアヌード写真集が発売され、ベストセラーを記録。それらの写真は各誌のグラビアも飾った。「アイドル冬の時代」は、「グラビアの時代」でもあったのだ。

そして1994年に雛形あきこがブレイクする。

雛形あきこは、中学生の頃から劇団東俳に所属し、ドラマに子役として出演したり、アイドル雑誌『MOMOCO』（学研）に登場していた。1993年には雛形明子名義で最初の写真集『four Colors』（桜桃書房）も出している。この写真集で目をつけた野田義治がスカウトに動いたのである。ちなみに、雛形は、イエローキャブではなく、野田のもう一つのプロダクション、サンズの所属だ。

雛形あきこは『ヤングマガジン』『ヤングジャンプ』といった青年コミック誌だけではなく、『少年マガジン』『少年サンデー』などの少年漫画誌のグラビアにも登場し、そして圧倒的な人気を得た。雛形あきこが表紙に登場すると部数が10万部伸びたとまで言われたほどだ。

前かがみになって、胸の大きさを強調するポーズは「ヒナポーズ」と呼ばれ、グラビアの定番ポーズとなった。

実は、グラビアアイドルという言葉はこの時期に生まれたものである。

アイドル系ライターの織田祐二は『グラビアアイドル「幻想」論　その栄光と衰退の歴史』（双葉新書　2011年）の中で「グラビアアイドル」という言葉が使われ始めたのが90年代半ばからであることを調査している。90年代前半まではグラビア中心に活躍するタレントは「セクシーアイドル」と呼ぶことが多く、「グラビアアイドル」という名称が定着したのは、雛形あきこ以降なのだという。

当時16歳の彼女は、「セクシー」と呼ぶには、初々しく健康的過ぎたのかもしれない。

そう、雛形あきこはB88・W57・H86のFカップという十分にグラマラスなプロポーションでありながら、「巨乳」と呼ぶには、あまりに初々しく性の匂いが希薄だった。

キャンペーンガールやレースクイーンたちも基本はスレンダー体型であり、ヘアヌードブームに乗って脱ぎまくった女優たち（多くは熟女と言える年齢だった）にも、巨乳の持ち主はあまりいなかった。キャンペーンガールたちは胸の大きさよりもハイレグで強調される脚線美が売りであったし、ヘアヌード写真集では当然ながらそれまで禁じられていた陰毛そのものに興味が向いていた。

AV業界でも松坂季実子がわずか1年半でAVから引退すると、巨乳ブームも沈静化に向かっていた。

巨乳という言葉が普及した90年代前半は、実はそれほど「巨乳の時代」ではなかったのだ。

それは「ボイン」という言葉が生まれたと同時に大きな乳房が時代遅れとなった60年代後半の動きをなぞるようだ。

しかし90年代後半、「巨乳」は、さらに巨大化へと向かうのだった。

第七章 それは爆乳と呼ばれた

驚異の104センチIカップ

雛形あきこがブレイクした1994年、盛り上がりを見せるグラビア業界を尻目に、AV業界は停滞気味だった。

90年代前半、バブル崩壊の影響で、AVの主な販売先であるビデオレンタルショップが減少したのだ。松坂季実子を送り出したダイヤモンド映像が1992年に倒産するなど、メーカーの倒産や撤退も相次いだ。

既に雑誌のグラビアではヘアが解禁されているのに、頑として規制を緩めないビデ倫に対してユーザーの不満は高まり、そこを突いたヘア露出ビデオ『MARY JANE』（主演：河合メリージェーン　監督：豊田薫　ケイネットワーク）が大ヒットを記録する。同作は販売専用の作品であり、レンタルショップに卸さないならばビデ倫の審査を受けなくてもよいというポイントを狙ったのだ。

ちょうどセルビデオショップ「ビデオ安売王」が怒濤のチェーン展開を繰り広げている時期でもあった。00年代に、それまで中心であったレンタルAVが、新興のセルAVに市場を逆転されるという事件が起こるのだが、その萌芽が生まれつつあったのだ。

また当時社会問題ともなったブルセラショップのオリジナルビデオや、マニア向けの通販ビデオなども、じわじわと人気を集めていた。

こうしたビデオでは、出演女優よりもプレイの内容が重視される傾向が強かった。有名な女優が出演していなくても、マニアックなプレイを見せれば支持されるのだ。

レンタルＡＶでも、有名女優の出演作よりも、制作費が安くすむ企画物が多く作られるようになり、人気もあった。

ユーザーの嗜好の細分化が進んでいた。「淫乱ブーム」「巨乳ブーム」といった、わかりやすいブームが起こりにくくなっていた。

巨乳ブーム以降も岸ゆり、北原志穂、橘ますみ、藤谷しおり、本木まり子、樹里あんな、鈴川玲理、美里真理などの人気巨乳女優は次々と登場していたが、その一方でスレンダーな美少女タイプの人気も高く、様々なタイプの女優が混在しているという状況だった。

そんな１９９４年に登場したのが、森川まりこだった。

日本最初の巨乳専門メーカーであるヴィ・シー・エーから『ザ・爆乳Vol.1 Bomber Girl』でＡＶデビューを果たした彼女のバストは１０４センチのＩカップ。パッケージには75とアンダーの数字まで記されているのは、さすがにマニア向けの巨乳メーカーならではだ。

森川まりこ。

本人の自己申告では

１０４のI.CUPとのことだが、

実物は、もっと大きい。
その重量感と圧迫感には、
言葉もないほどだ。
日本人離れした、
まさに、天然の美
（『ザ・爆乳 Vol.1 Bomber Girl』パッケージ裏より）

松坂季実子のバストは110・7センチとされていたので森川はそれよりも小さいことになるが、松坂の場合は実は村西とおるが「イイオンナ」にかけて決めたらしく、実際には90センチ台だったという。しかし数値以上に森川まりこのバストは、松坂季実子を遥かに上回る大きさに見えた。それまでの日本人モデルの常識を覆すような大きさと質感だったのである。
そのためか2作目となる『巨大すぎるデカパイ』（アテナ映像）では、森川のバストは「ウルトラQカップ124cm」と表記されている。メーカーが松坂季実子を上回る数値にしようと考えたのだろう。

季実子もケイもかなわない

森川まりこは、AV出演以前から風俗店に勤務しており、既に『バチェラー』では巨乳風俗嬢としてグラビアに登場しており、注目されていた。

初登場は1991年9月号だ。

「デカイ！　バチェラー史上、掛け値なしに最大の国産巨乳だぜ。この15周年にふさわしいオッパイの持ち主は、東京・鶯谷にある『クリスタル美療』の真理子ちゃん。このボリュームには脱帽だ」

当時、『バチェラー』読者には、店での名前である「真理子」として知られていたのだ。

初登場の6ページにわたるグラビアのラストには、彼女のボディチェックコーナーがある。バスト104センチだけではなく、乳周61センチ、乳高18・5センチ、乳輪経4・5センチ、そして乳重1500グラムといった計測までなされているのは、さすが巨乳マニアのための雑誌『バチェラー』だ。

このページのキャッチコピーは「季実子もケイもかなわない絶対無敵超々乳!!」なのだが、季実子はもちろん松坂季実子、ケイは1990年にデビューした桑田ケイを指す。

桑田ケイはデビュー作の『113センチの衝撃』（スーパークリスタル）というタイトルからわかるようにバスト113センチというのが売りで、松坂季実子よりも大きい胸の子がデビューしたと話題になり、松坂季実子がブレイクしたきっかけの『フラッシュ』でも紹介された。

デビュー作のパッケージには「ついにあのM嬢を超えるスーパーバスト誕生」というコピーが

書かれているし、『季実子よりデカい乳』（アリーナ）というタイトルの作品まである。

しかし、実際に見てみると113センチという数値ほど大きくは見えないのだ。バストサイズは、全体の体型のサイズにも関係してくるので、あまり当てにならないのである。

そんなこともあって、桑田ケイは松坂季実子の後継者と目されたものの、デビュー以降はあまりパッとしないままに消えていった。

数値的には桑田ケイよりも小さいはずの真理子＝森川まりこの乳房だが、「季実子もケイもかなわない」のキャッチコピーの通りに、明らかに二人よりも巨乳感があった。いや、巨乳という言葉では表現しきれずに「超々乳」という表現を使った気持ちもわかるほどだ。

そしてそれは、大きさと重さゆえに重力によって垂れ下がっており、普通の嗜好の人間には、一種のフリークス的な形状に見えるほどだった。

それでも、『バチェラー』愛読者には、それは素晴らしい乳房として認識された。1991年の巨乳女優を振り返る記事（1992年2月号）では、日本人女優では二人だけ、桑田ケイと並んで真理子が取り上げられている。しかも扱いとしては桑田よりも真理子の方が大きい。一度誌面に登場しただけの風俗嬢がこれほどの扱いを受けるというのは、異例のことだった。

『バチェラー』読者は、真性の巨乳好きは、日本からこのレベルの巨乳が登場することを待ち望んでいたのだ。

タイタニック・ティナの幻

『バチェラー』のグラビアにも少しずつ日本人モデルが登場するようにはなっていた。しかし、海外モデルとの差は歴然としていた。明らかにアンバランスと思えるほどに、アメリカやヨーロッパには巨大なバストを持った巨乳モデルが数多く存在していたのだ。

松坂季実子が登場した時、「ようやく日本にもこれだけの大きさの巨乳が出てきたのか」と言われたが、それでも海外の「大きな」モデルに比べれば、まだまだだった。

巨乳マニアは、「大きすぎる」ほどのサイズを求めていたのだ。

その象徴的な存在がタイタニック・ティナである。

タイタニック・ティナことティナ・スモールは謎に包まれた存在だ。

1981年にアメリカの巨乳雑誌『フリング』5月号に登場した彼女は、たちまち全米の、いや世界中の巨乳マニアの話題となった。

なにしろそのバストサイズは2メートル16センチ。それでいてウエストは58センチ、ヒップ89センチ。顔もほっそりとした美人だ。つまり胸だけが異様に巨大なのである。

それまで世界一の巨乳と言われていたのは、ポーランド出身のチェスティ・モーガンである。アメリカに渡り、ストリッパーとして成功した後に映画にも出演するようになった。女性監督ドリス・ウィッシュマンによる『ダブルエージェント73』『デッドリー・ウェポン』（共に19

74年）が有名だが、あのフェデリコ・フェリーニ監督が『カサノバ』で起用したものの、なぜか彼女の登場シーンのフィルムが盗難にあってしまい本編には出ていないという伝説もある。

彼女のバストは1メートル83センチ。巨大すぎて腰のあたりまで垂れ下がるほどだった。そのチェスティ・モーガンより大きいバストが存在するというのだ。世界中の巨乳マニアが色めき立つのも無理はなかった。

日本ではもちろん『バチェラー』、そして『フラッシュ』（またしても！）がいち早くタイタニック・ティナを紹介した。さらにその後、『週刊プレイボーイ』『週刊女性』といった雑誌までもが彼女を取り上げた。

ティナが1986年に出版した自伝『BIG GIRLS DON'T CRY』（LEGEND）によれば、彼女は1956年イングランドのサマーセット州生まれ。11歳の時に突如胸が膨らみ始め、その成長が止まらなくなったという。ホルモンのバランスが崩れたことで脂肪が胸にたまってしまう一種の病気（思春期乳腺肥大症だと思われる）ということだが、その巨大な乳房は彼女に普通の生活を送らせてはくれなかった。様々なトラブルに見舞われたティナは自殺を図るところまで追い詰められたが、偶然に電車の中で出会ったカメラマン、ジョン・ザビエルのモデルとなったことから、彼女の人生は変わっていく。

1980年にザビエルがティナの写真集『Every Inch a LADY』を発表すると海外からも注文が殺到するほどのベストセラーとなった。さらに1986年には前述の自伝、1988

年からはビデオも発表するも、この後にティナ・スモールの消息は途絶えてしまう。一説によればタイへ仏教の勉強をしに行ったとか。

タイタニック・ティナが伝説と言われるのは、こうして突如姿を消したからだけではない。彼女の存在自体に疑惑があるからだ。それは、彼女を撮影したのがジョン・ザビエルただ一人であること。そして全裸にはならず、両肩を決して見せないことなどから、特殊撮影による人工的な乳房だったのではないかという説が消えないのである。

1991年には、ゼナ・フルゾムというモデルが登場。彼女はトップが2メートル50センチ、アンダーが1メートル80センチだという触れ込みで、しばらく後に同サイズのバストを持つ妹のシンディー・フルゾムも現れた。彼女たちについても偽乳疑惑がある。

タイタニック・ティナにしてもゼナ・フルゾムにしても、さらにその前のチェスティ・モーガンにしても、通常のレベルの巨乳ではない。日常生活に支障をきたすほどの大きさであり、明らかにアンバランスである。

しかし、巨乳マニアは、彼女たちに熱狂した。その非現実なまでの巨大さを愛したのである。アンバランスと思われるほどの大きさを許容するかどうか。一口に巨乳好きと言っても、そこには一線がある。

そもそも、「巨大」という畏敬の念すら感じられる形容詞から生まれた「巨乳」という言葉だが、一般的になるにつれ、少し大きい程度の胸でもそう呼ばれるようになっていた。

人気テレビ番組『タモリのSUPERボキャブラ天国』（フジテレビ系 1994年〜1996年）などでヒロミが自らを「おっぱい星人」（おっぱい好き）だと言い出し、その言葉が流行し、大きな胸が好きだと公言することに抵抗が薄れたという風潮もあった。

巨乳という言葉では、すべてをフォローしきれなくなっていたのだ。

爆乳とプランパー

森川まりこのデビュー作につけられたタイトルは『ザ・爆乳』だった。これはヴィ・シー・エーの新シリーズの第1弾でもあった。

爆乳という言葉自体は、『バチェラー』1989年6月号でも既に使われるなど、1994年以前でも使用例を見つけることはできるが、普及はしていなかった。桁外れに大きい乳房に対しては、爆乳の他に、超乳、超巨乳、大巨乳、ウルトラ巨乳、ハイパー巨乳といった表現が場当たり的に使われていた。

それが、森川まりこの登場、そしてこのシリーズの発売によって、「爆乳」が定着することとなったのだ。

『ザ・爆乳Vol.1』を紹介する『バチェラー』1994年7月号のグラビアにはこんな文章が

掲載されている。

日本AV界の黎明期に登場し、今では伝説ともいえる『淫乳』シリーズ。最近サーチ社がその名を受け継ぎ『ザ・淫乳』としてリリースしているが、今度は本家VCAが90年代の『淫乳』ともいうべき作品のリリースを開始する。その名も『ザ・爆乳』。5月25日に発売される第1弾にはナント、あの『まり美療』のまりこ嬢が出演だ。こいつはスゴイぜ!!

『淫乳』シリーズで知られるVCAから久々に日本のデカパイAVが出る。コンセプトは素人（非AVギャル）の大巨乳娘の初脱ぎ、初本番。その名も『ザ・爆乳』だ。5月25日にリリースされる第一弾に登場するのは風俗界でも最大級のオッパイの持ち主、蒲田の性感マッサージ『まり美療』の森川まりこ嬢だ。身長こそ150センチと小柄だが、104センチIカップのオッパイは『爆乳』の名にふさわしいものといえるだろう。

（中略）

それにしてもデカイ！　少々プランパー気味の体型が好き嫌い分かれるところとは思うが、巨乳とは名ばかりのAVがはびこる昨今、これだけのオッパイはやはり貴重といえよう。

（後略）

文中に出てくる「プランパー」とは、豊満。丸々と太った、という意味だ。ポルノの分野でこの言葉を使う時は、かなり肥満した女性を指すことが多い。

プランパーマニアの男性は、少なからずいて、そのほとんどは巨乳を入り口として、このジャンルへ足を踏み入れている。

巨乳の何に魅力を感じるかを突き詰めていき、その柔らかさや肉の質感を求めていくうちに、ならば全身が「巨乳」であるプランパーの方がいいのではないか、とたどり着くのだ。

爆乳と呼ばれるレベルの女性の場合は、身体全体もふくよかであることが多い。そこを受け入れられるかどうかで、マニアの間でも線引きがある。

『バチェラー』でも、こうした嗜好の読者は多いようで80年代から「デブパイ」という名称でコーナー化もしていた。

しかし、AVメーカー側では、爆乳やプランパーへの警戒心は強かった。アダルトメディアにおいて、「デブ」「ブス」「オバサン」は最も典型的な非難の言葉だったのだ。

日本のAVで初めてプランパー的なテーマを扱ったのは『ザ・爆乳Vol.1』がリリースされたのと同じ1994年にアリスJAPANの「ディレクターズ」レーベルから発売された『ザ・どすこいシスターズ』である。

出演女優は、東乃若子と西乃貴子。当時全盛を誇った大相撲の若貴兄弟にあやかったこのネーミングやタイトル、そしてふんどし姿で相撲を取らされるといった内容からもわかるように、明らかにキワモノ作品として制作されている。

それは「な・なんと2人でバスト2620mm！　あぶない超カルトAV」「あなたの知らない世界がまだあった。未知の体験に男優陣　茫・然・自・失！　若子と貴子の地割れFUCK　見ているあなたは圧・迫・死…」というキャッチコピーからも明らかだ。

しかし、『ザ・どすこいシスターズ』は意外な売れ行きを見せたのか、第3作まで制作された。もちろん、興味本位の怖いものみたさで手にとったユーザーも多かっただろうが、本気で楽しんだプランパーマニアも少なくはなかったはずだ。

それでも本作以降、メジャーなメーカーからのプランパー作品は途絶えてしまう。

マニア化する巨乳

話を爆乳に戻そう。AVデビューした森川まりこは、巨乳ファンから圧倒的な支持を得て、『バチェラー』の「巨乳ズリネタ大賞」（1985年から始まった「Dカップギャルコンテスト」が改題）でも第10回（1994年下半期）、第11回（1995年上半期）の第1位を連続獲得した。

1994年には、細川しのぶもデビューしている。細川ふみえと堀江しのぶを足したと思われる名前の通りに丸顔でタレ目の巨乳女優だ。98センチGカップのボリュームのある乳房と愛嬌のある顔立ちで人気が高く、00年代に至るまで長く活動した。

さらに122センチDDDカップ（日本のサイズに換算するとHカップ）というモモや、前年にデビューしたものの親バレで突如引退してしまったKカップの大舞じゅりあなど、爆乳というにふさわしい女優が次々と登場していたのがこの時期だ。

第1弾が森川まりこだったヴィ・シー・エーの『ザ・爆乳』シリーズも、第2弾にKカップ118センチの植村かおり、第3弾にHカップ100センチの大樹美由希、さらにHカップ102センチの本木由美、Hカップ122センチの川口まりと、100センチ以上の爆乳女優を次々と発掘して出演させ、ファンを狂喜させた。

しかし、より巨大化を望む巨乳ファンの嗜好は、明らかにAVのメインストリームとは乖離していた。

爆乳ブームが訪れていた1994年度の『オレンジ通信』の読者が選ぶ「AVアイドル賞」（1995年2月号掲載）でも1位が氷高小夜、2位が憂木瞳、3位が杉本ゆみか、と美少女系が続き、巨乳と言えるような女優は4位の藤谷しおり、7位の美里真理くらいだった。森川まりこはもちろん、ややアイドル系である細川しのぶもランクインしていない。作品賞の1位を『爆乳！　ダイナマイト』（バズーカ）という作品が受賞しているが、主演は美里真理で、爆乳というにはバストサイズが少々小さい。

水津宏による同号掲載の「1994年AV総括」という記事では、この年に活躍した女優を振り返っているのだが、巨乳系の女優としては藤谷しおりが引退組として触れられているのと、「また今年、細川ふみえにあやかって『細川』と名付けられた女優も3人デビュー。6月に『デビューまゆ18歳』（メシア）でデビューした細川まゆ、7月（原文ママ。実際は8月31日発売）に『激乳クィーン』（アテナ映像）でデビューした細川しのぶ、9月に『RISKY』（バビロン）でデビューした細川百合子。いずれも眩しいバストの持ち主である」という記述のみである。

同じ水津宏による1989年の「AV総括」では松坂季実子と巨乳ブームについて、詳しく触れられていたのとは、扱いがずいぶん違う。

爆乳という言葉自体は、広まりつつあったが、爆乳ブーム自体は、あくまでも巨乳マニアの間のみの局地的なブームに過ぎなかったのである。

こうして、「巨乳」「爆乳」はマニアのもの、という意識が定着していく。胸の大きい女優は明らかに増えてはいたが、ある程度以上のサイズの女優は「巨乳」というジャンルに分類され、マニア向けとして扱われるようになっていたのだ。

『バチェラー』の独占であった巨乳専門誌というジャンルにも、1986年に初の和物巨乳専門誌である『メディアプレス』（三和出版）や、洋物巨乳専門誌『マジョクラブ』（大洋書房）が参入。さらに90年代に入ると『トップテンメイト』（若生出版）、『Dカップ・ジャパン』（蒼竜社）、『ギャルズ・ディー』（ダイアプレス）などが次々と登場。１９９７年には巨乳に特化した風俗誌『TOKYO TOPLESS』（高須企画）も創刊される。同誌は、１９９５年に日本初のアダルトサイトであり、巨乳サイトとして注目された『東京トップレス』とコラボレーションして生まれた雑誌だった。

専門誌が乱立したことで、巨乳というジャンルがコミュニティとして成立し、タコツボ化していった。

次々と登場する爆乳女優たち

それでは１９９５年以降の「爆乳」女優を見ていこう。当時、「巨乳」「爆乳」物ＡＶを得意としていたのは、鬼闘光監督と高槻彰監督が両巨頭で、彼女たちの出演作のかなりの数を二人が手がけている。

１９９５年に『おばけのＱカップ』（ビッグモーカル）でデビューしたのが、井上静香。森川まりこの「ウルトラＱカップ１２４ｃｍ」と全く同じスペックの１２４センチＱカップと公称しているのが不思議と言えば不思議である。

１９９６年には、１０１センチＪカップの沢口みき、１０７センチＧカップのみずしまちはるがデビューしている。

沢口みきはAVデビュー前にモデル、タレントとして活動し、テレビ番組などにも出演していた。2000年にはノイズ・ミュージック、アバンギャルド・ミュージックのジャンルで世界的に知られるインディーズ・レーベルのアルケミーレコードからCDも発表した。

『ザ・爆乳』でデビューしたみずしまちはるは、その後も長く活動を続け、00年代にも熟女女優として多数の作品に出演した。

1997年デビューの立花まりあは、110センチJカップだが、かなりプランパー要素が強い身体つきで、そうした嗜好のユーザーに支持された。

1998年にまずストリップの舞台に立ち、同年AVデビューも果たした山咲あかりは101センチHカップ。愛くるしいロリータフェイスとマシュマロのような白い肌は、巨乳マニア以外からも大きな支持を得た。

夢野まりあは、1998年のデビュー時は93センチHカップだったが、豊胸手術を繰り返して120センチPカップという凄まじい爆乳となった。そのあたりのメンタルが後のアメリカでの活動につながったのだろう。

2000年デビューの大浦あんなは、いつも辛そうな表情だったのが印象的だ。101センチIカップという爆乳がアンバランスな線の細い美形であった。

このように、100センチ超えの爆乳女優は毎年のように登場していたのだが、やはり支持するのが巨乳マニアに限定されてしまうのか、安定した人気はあっても、なかなかトップを取ることができなかった。

『オレンジ通信』の読者投票による年間アイドル賞でも、ここに挙げた巨乳女優は、沢口みきが1996年度に8位、山咲あかりが1998年度に7位。最高位が2000年度の夢野まりあの4位だった。

上位は常に美少女系やスレンダー系、そうした状況が長く続いていたのである。

それを崩したのが、春菜まいだった。バストサイズは88センチだが、カップサイズはH。ショートカットがよく似合う美少女だ。「ロリ顔に巨乳という日本男児が一番喜ぶ外見で、しかも天然の元気キャラとポジティブな性格」（『オレンジ通信』2004年2月号）がユーザーの心をつかんだのだろう。見事2003年度のAVアイドル賞第1位を獲得したのである。

ちなみにこの年の第4位には、後にアジアで圧倒的な人気を得る蒼井そらがランクインしている。彼女も90センチGカップの巨乳美少女だった。

爆乳化するグラビアアイドル

今度は1994年以降のグラビアアイドルシーンを見てみよう。

雛形あきこに続けとばかりに多くのグラビアアイドルが登場し、グラビア誌や青年誌、コミック誌、週刊誌などのグラビアや表紙を飾っていった。矢部美穂、吉野公佳、鈴木紗理奈、木内あきらなどが人気を集めたが、ここで注目したいのは、松田千奈と青木裕子だ。

　松田千奈は1992年にグラビアデビューを果たし、当時はスクール水着などを披露していたが、1994年頃からビキニ姿でのグラビアで人気に火が付いた。93センチFカップという巨乳と、ハイレグや手ブラまで披露する大胆な露出度で話題となる。『ギルガメッシュナイト』（テレビ東京系）や『トゥナイト2』（テレビ朝日系）、『H・I・P』（テレビ朝日系）などのテレビ番組でも活躍した。

　青木裕子は1995年に『ユミィ』（ワニマガジン）主催の「第4回ユミィオーディション」でグランプリを獲得し、芸能界入り。93センチIカップという桁外れの巨乳と、愛らしい顔立ちでたちまちトップクラスのグラビアアイドルへと駆け上る。1996年には山田まりや、黒田美礼、稲田千花と共にフジテレビビジュアルクイーンに選ばれた。グラビアのみならず、テレビ番組、テレビCMにも出演するなど、着実にステップアップしていたが、1998年の年末に芸能活動を休止。本人がもともと音楽活動を志向していたため、グラビアアイドルとしての活動には積極的ではなかったとのことだが、その後の展開もパッとせず、残念な結果に終わってしまった。

　青木と共にフジテレビビジュアルクイーンとなった黒田美礼も95センチFカップの巨乳の持ち主であり、同時期のグラビアアイドルたちとは頭ひとつ抜けたセクシーさが魅力だった。

　1997年には酒井若菜が「第8回ヤングジャンプ全国女子高生制服コレクション」準グラ

ンプリに輝いたことで注目される。1999年に発売されたファースト写真集『神様の繭』（撮影：小沢忠恭　英知出版）は、当時18歳という年齢よりも、あどけなく幼く見える顔立ちとはあまりにも不釣り合いな巨大な乳房のアンバランスさが強烈だった。88センチFカップということだが、それを遥かに超えたボリューム感があるのだ。

堀江しのぶ、かとうれいこ、細川ふみえによって巨乳グラビアアイドルというジャンルを開拓した野田義治のイエローキャブやサンズも、もちろん黙っているわけではない。

1996年にEカップの山田まりや、1997年にFカップの小池栄子、1998年にEカップの佐藤江梨子と立て続けに巨乳グラビアアイドルを送り出す。

そして1999年、94センチHカップのMEGUMIがデビューする。R&Bに傾倒し、シンガーとしてオーディションを受けては落ちることを繰り返していたという19歳である。そののっぺりした顔立ちは、アイドルの主流とはかけ離れていたがHカップのボリュームのある爆乳のインパクトはすごかった。2001年に発売されたファースト写真集『crumpet』（アクアハウス）は好調な売れ行きを見せ、5ヶ月後には2冊目の『GEM』（近代映画社）、さらにその4ヶ月後には3冊目の『meg』（アクアハウス）が発売された。

そしてイエローキャブは、MEGUMIから間髪入れずに、さらに大きい103センチIカップの根本はるみをデビューさせる。イエローキャブ初の100センチ超えタレントである。

しかし2003年に、根本はるみのIカップを超えるJカップのグラビアアイドルが登場する。講談社主催の「ミスマガジン２００３」で「ミスヤングマガジン」に選ばれた夏目理緒である。17歳にして98センチＪカップ。全体的にむっちりとしていたＭＥＧＵＭＩや、がっしりとした体型だった根本はるみとは対照的に、小柄で子供っぽいルックスの夏目理緒にＪカップの爆乳がついている姿は非現実的にすら見えた。

他にも95センチＨカップの松金洋子、95センチＩカップの滝沢乃南、93センチＨカップの花井美里、そして１００センチＨカップの愛川ゆず季など、グラビアアイドルの爆乳化は進んでいった。

グラビアアイドルは、ＡＶの爆乳女優以上に巨大な乳房を持ち始めたのである。しかも彼女たちはマニア向けの爆乳ＡＶとは違い、何十万部という発行部数のコミック誌のグラビアを飾ったり、テレビ番組に出演したりしているのだ。

爆乳の一般化は、まずグラビアアイドルから始まった。

第八章　21世紀の巨乳たち

ダブル専属デビューした超大型新人・麻美ゆま

00年代前半のAV業界は大きな波に揺れていた。それまで「インディーズビデオ」と呼ばれ、二流扱いされていたセルAV、つまりビデ倫無審査の販売専用AVの勢いが増大し、それまでAVの主流であったレンタル系メーカーを脅かすほどに成長していたのだ。

この時期のAV業界の状況を整理すると、レンタル系メーカーは80年代から活動する老舗メーカーがほとんどであり、ビデ倫の審査を受けてレンタルショップがレンタル目的で購入するのが主な売上となる。ビデ倫の審査は厳しく、当時の出版物では事実上解禁されていたヘアの露出も許されなかった。

一方、インディーズ＝セル系メーカーは90年代以降に誕生した新興メーカーで、ビデ倫の審査は受けておらず、セルショップなどで販売される。メディア倫理協会（メディ倫）などの新審査団体の審査を受けているメーカーもあったが、ビデ倫に比べると基準が緩く、ヘアやアナルの露出も許され、修正のモザイクも細かった。

人気女優はレンタル系メーカーが押さえていたので、セル系メーカーは企画女優や、レンタルで人気が無くなった女優などを起用することが多かった。レンタル系＝単体女優物、セル系＝企画物という棲み分けができていたのが00年代前半までのAV業界である。

レンタル系で活躍していた女優がセル系作品に出演するようになると「レンタル落ちした」

などと囁かれ、マイナスイメージがついてまわった。

　そんな状況を大きく変えたのが、２００４年に誕生したセルメーカー、エスワン（S1 NO.1 STYLE）だった。11月のスタート時には、ＭＥＷ、早咲まみ、米倉夏弥、原千尋、かわい果南、持田茜、日野鈴、白石みさとという8人の新人に加え、前年に宇宙企画でデビューした小倉ありす、同年2月にＫＵＫＩからデビューした小川流果、そして２００２年にアリスＪＡＰＡＮからデビューした蒼井そらという人気女優３人を専属として大々的に売り出したのだ。この３人は、まだ人気に陰りが見えない時期であり、「レンタル落ち」というよりも「セルに引き抜かれた」という印象があった。

　ヘアもアナルも見え、モザイクも細かいセル系作品に出演するということは、その女優のファンにとっても嬉しいことだった。彼女たちの出演作はヒットし、特に蒼井そらの出演作『セル初　ギリギリモザイク　蒼井そら』は10万本という記録を打ち立てた。このエスワンの登場により、セルが単体女優に弱いというイメージが変わりつつあった。

　以降、人気が落ちてからレンタルからセルに行くのではなく、人気のあるうちにセルから再デビューする「セル初」というスタイルがＡＶ業界に定着する。単体ＡＶ女優の作品はデビュー作が最も売れることが多いのだが、「セル初」作品はそれ以上の売上となった。ファンも露出度の高いセル作品への出演を心待ちするようになった。

　レンタル系メーカーでデビュー、その後、セル系メーカーで再デビューという流れは、女優の寿命を延ばす効果もあり、レンタル系メーカーがセル系メーカーに事実上敗北が決定する00年代後半まで続いた。

この時期、レンタル系メーカーとセル系メーカーは微妙な温度差を持った対立関係にあったのだ。

こうしたレンタル系からセル系へという女優の成長システムが完成しつつあった2005年に型破りなデビューをした女優がいた。

麻美ゆまである。デビュー作はアリスJAPANから2005年10月28日に発売された『純情ハードコア』。そしてそのわずか10日後の11月7日にエスワンから『新人×ギリギリモザイク 麻美ゆま』が発売された。

1本のみで移籍したのではない。レンタル系メーカーのアリスJAPANと、セル系メーカーのエスワンのダブル専属という前代未聞のデビューを果たしたのである。

もはや特殊ではなくなったHカップ

麻美ゆまを担当していたアリスJAPANの辻口孝司プロデューサーは、エスワンとのダブル専属となった経緯について、こう答えた。

「両社とも折れなかったんですよ。それで話し合ってダブル専属という形になった。それでもいいから撮りたいと思ったんです。やはりあの身体で、顔も可愛い。キャラクターも明るい。間違いなく売れるという確信がありました」

そして、その確信は、間違いではなかった。麻美ゆまはあっと言う間にAV界のトップアイドルの座に駆け上がったのである。

日本最大のAVの通販・ダウンロードサイトであるDMM.R18（当時はDMM）の女優別売上ランキングでは、デビューした月にあたる2005年11月1日集計分で、麻美ゆまは堂々の1位。作品別売上ランキングでもセルデビュー作である『新人×ギリギリモザイク 麻美ゆま』が1位。DMMは通販サイトであるため、レンタル向け作品は不利になるのだが、それでも『純情ハードコア』も37位にランクインしている。

2005年度の年間女優ランキングも1位。それから活動休止する2012年までの8年間、常に年間女優ランキングのベスト5に入り続けている。これだけの人気をキープし続けたAV女優は、他に類を見ない。まさに00年代を代表するAVクイーンである。

2012年に筆者が監修を務めたアダルトビデオ誕生30周年プロジェクト「AV30」という企画があり、オールタイム女優人気投票が行われたが、麻美ゆまは、対象2万人のAV女優の中で、永遠のロリータ女優・つぼみに次いで第2位に選ばれている。

彼女の魅力は、愛らしい顔立ちと明るいキャラクター、そして何よりも96センチHカップという大きな胸だった。

Hカップといえば、それまでの基準でいう「爆乳」に分類される大きさである。実際に『純情ハードコア』や『新人×ギリギリモザイク 麻美ゆま』のパッケージ写真でも、その愛らしい顔立ち以上に、ビキニに包まれた大きな胸の膨らみが目を引く。

しかし興味深いのは、アリスJAPANもエスワンも、彼女を「おっぱい推し」の女優としては扱っていないことだ。

『純情ハードコア』では「限りなくピュアなHカップ」、『新人×ギリギリモザイク 麻美ゆま』では「Hカップアイドルが、ついに過激ギリモザでデビュー!」というキャッチコピーがパッケージに書かれているものの必要以上には、その巨乳をアピールしていない。

そして、その後9年間にわたって両社からリリースされた193タイトル(総集編を除く)のうち、タイトルに「巨乳」「爆乳」を冠した作品は1本もない。胸をテーマにした作品も『麻美ゆまと乳話しませんか?』『終わらないパイズリ』『麗しのノーブラ先生』『ゆまチンの背後霊になったら、毎日オッパイをモミまくれる』『胸チラ誘惑お姉さん』(以上アリスJAPAN)、『ギリギリモザイク 僕だけのボイン保育園』『ギリギリモザイク 激パイズリ3』『家庭教師Hカップの先生に誘惑されて…』『スケベで優しいノーブラ管理人さん』(以上エスワン)くらいである。

麻美ゆまの出演作に 巨乳を押し出したタイトルが、ほとんどないことを指摘すると、アリスジャパンの辻口孝司プロデューサーは少し驚いたようだった。

「えっ、そうですか。今、言われて初めて気がつきました。でも、確かにあまり胸をクローズアップした作品にするとユーザーを限定してしまって、あまり売れないということは経験的な感覚としてありましたね。実際に、『麗しのノーブラ先生』くらいだと売れたけれど、『終わらないパイズリ』の方がイマイチだったんですよ」

とはいえ、胸が大きいということは、この時期のAV女優にとっては絶対的なアドバンテージだった。

「女優をキャスティングするにおいて、胸が大きいかどうかは需要な要素です。同じような顔だったら、おっぱいが大きい方が確実に売れます。やはり麻美ゆまちゃんの場合も、胸の魅力は大きかったですね。僕がこの会社に入った2000年より前だと、顔がよければいいというのがあったんですよ。顔さえよければ、身体は貧弱でもよかった。でも、だんだん顔だけじゃダメ。身体も重視されるという風潮になっていったんですよ」

「爆乳」に分類されるほどのHカップという彼女の「大きすぎるほどの巨乳」も、ネックにはならなかった。

「ゆまちゃんは、身体も細かったし、胸の形も綺麗だった。それだったら、大きければ大きいほどいいんじゃないかという気持ちでしたね。大きすぎて不格好だとは全然思いませんでした」

もはや96センチHカップという乳房は、マニア向けの特別な存在ではなくなっていたのだ。

麻美ゆまは、バラエティ番組やテレビドラマ、映画などアダルト以外の一般メディアにも数多く出演した。中でも2008年にテレビ東京系でスタートした『おねがい！マスカット』への出演は注目され、出演者によるアイドルグループ「恵比寿マスカッツ」でも2代目リーダーとしてグループを牽引した。これらの活躍により、本来はAVを見ることのできない中高生や、AVとは縁のなかった女性からの人気も高かった。

残念ながら、2012年に卵巣の境界悪性腫瘍により活動を休止することとなったが（2015年に引退を宣言）、彼女がAV業界に残した功績は大きい。

爆乳着エロアイドルのAV侵攻

麻美ゆまがデビューした翌年の2006年5月に、同じメーカーであるエスワンから、鳴り物入りで登場したのが青木りんだった。

青木りんは、2002年に奥山りん名義でテレビ番組などに出演した後、2003年に写真集『Rin's I Land』（アクアハウス）、イメージビデオ『burst』（ベガファクトリー）でデビューしたグラビアアイドルだ。

当初より、その豊かなバストをフルに活かした露出度の高い作品が多かったのだが、次第に内容も過激化し、2005年の段階では、疑似フェラチオやパイズリ、電マ責めといった、ほとんどAVと変わらないほどにエスカレート。

2002年頃からインリン・オブ・ジョイトイや藤川京子などを中心に盛り上がっていた過激なセミヌードを売りにした「着エロ」ブームの一角を担う存在として青木りんは注目を集めていた。

「もはやAVと変わらないほど過激」だと言われていた着エロの人気女優のAV転身は大きな話題を集め、AVデビュー作『現役アイドル ギリギリモザイク Kカップ×ギリギリモザイク』は10万本を超えるメガヒットとなった。

青木りんから2ヶ月遅れて、グラビアアイドル、女優として活躍していた範田紗々が『芸能人 範田紗々デビュー』（SODクリエイト）でAVデビューし、こちらも大ヒットを記録。続いて、元ギリギリガールズの荒井美恵子、翌2007年には元ねずみっ子クラブの山崎亜美もAVに出演する。さらに数多くの「芸能人」がAVに転身し、空前の「芸能人AVブーム」が巻き起こったのである。

しかし「芸能人」と言っても、その多くは一般的には知られていないグラビアアイドルや着エロモデルがほとんどだった。そして、グラビアや着エロ業界では、一足先にAV以上の巨乳インフレが進んでいたのである。

ブームの火付け役である青木りんがKカップで範田紗々がIカップ。続いてJカップの灘坂舞、Lカップの櫻井ゆうこ、JカップのHitomi（田中瞳、後にOカップに）などがグラビア、着エロからＡＶへ転身。極めつけは、１２０センチＰカップの風子の登場だった。ＪやＫ、Ｌ、そしてＰなど、もはやバストカップとは思えないサイズが飛び交った。

また、着エロ出身以外でも、企画単体女優として爆発的な人気を誇った浜崎りお、２００７年に18歳で『平成生まれのＨカップ』（アリスＪＡＰＡＮ）でデビューし、タイトル通りに初の平成生まれＡＶ女優世代となった佐山愛など、Ｈカップ以上の女優が人気を集めていた。

巨乳インフレはとどまるところを知らない状況となっていた。

非現実的なまでのナイスバディ女優たち

サイズがどんどん大きくなる巨乳インフレ化が進んでいくＡＶ業界だが、その一方で「爆乳志向」とは一線を画した「ナイスバディ志向」の動きも起こっていた。

胸だけが大きいのではなく、全体的にバランスのとれたスタイルの女優にも人気が集まっていたのだ。

その元祖と言えるのは、１９８７年にＡＶデビューした冴島奈緒だろう。シャープな顔立ちと引き締まったボディにＦカップの美巨乳は、まるでアメリカンコミックから抜け出てきた美女のようであった。

１９９６年には、加納瑞穂がデビューする。デビュー当初はＧカップ巨乳を売りにしていたが、1998年に草凪純の名前でグラビア展開を始めた頃からB95・W52・H85というプロポーションによる「くびれ」を前面に押し出し始める。加納瑞穂としてのデビュー時の公式スリーサイズはB95・W57・H87だったのだが、確かに、よりスレンダーになっていた。

こうした素晴らしいプロポーションを誇る女優は、それまでにも存在したのだが、00年代後半のナイスバディブームが起きる直接の引き金となったのは、2006年に『僕の彼女を紹介します まり子*G-CUP』（ハマジム）でデビューしたまり子ではないだろうか。

監督はハメ撮りのパイオニアであるベテラン、カンパニー松尾。もともと巨乳好きである松尾監督の作品には女優、素人を問わずにグラマラスな女性が数多く出演しているのだが、その中でもまり子は特異な存在だった。

東北在住で病院関係に勤める素人でカンパニー松尾のセックスフレンドだと説明されるまり子は、終始大きめのサングラスで顔を隠したままなのだ。素人物の場合は、顔をモザイク修正したり、アイマスクで隠すといった手法を取る場合もあるが、その多くは複数の女性が登場するオムニバス形式の作品だ。一人で一本撮る作品で顔を隠しっぱなしということは、ほとんどない。しかも、それがヒットしたとなると前代未聞だった。

まり子はGカップの巨乳だけではなく、メリハリのあるダイナミックなボディの女性であり、確かにサングラスをしたままでも十分に魅力的だ。もちろん、ルックスだけでなく反応も激しく、強烈な淫らさを感じさせたという点も重要ではあるが、身体がよければ顔を隠してても売れるという事実を業界に知らしめた作品となったのだ。

アリスJAPANの辻口プロデューサーが語ったような、かつての「顔さえよければ、身体は貧弱でもよかった」時代からの変化を感じさせる出来事であった。

翌2007年には、新メーカー「E-BODY」が誕生する。「いいボディ」という名前通りに、ナイスバディな女優専門のAVメーカーである。スタート当初のパッケージは『僕の彼女を紹介します まり子*G-CUP』の成功を意識したのか、女優たちが顔をそむけているというAVではタブーな写真を使っている。このパッケージが「顔よりもカラダが重要」というメーカーコンセプトを雄弁に語っていた（残念ながら次第に普通のパッケージに変わっていったが）。

2010年には、「E-BODY」初の専属女優としてJULIAがデビューする。デビュー作は『B100 W55 H84 DEBUT JULIA!!!』。B100・W55・H84でJカップというその非現実的なまでのスリーサイズをそのままタイトルにしている。パッケージに書かれた「二次元から飛び出したようなエロアニメ体型お姉様デビュー!!」というキャッチコピーが、当時のユーザーのショックを言い表している。

2011年には『人類最強の1億円ボディ 沖田杏梨』（エスワン）で沖田杏梨がデビュー。身長168センチB101・W59・H92でKカップというプロポーションは、正に「人類最強ボディ」というキャッチフレーズがふさわしい。ちなみにタイトルの1億円とは、デビューにあたり彼女の肉体に1億円の保険金がかけられたことに由来している。

日本のAV女優のプロポーションも、欧米のモデルに引けを取らない水準まで上がっていた。たとえプレイメイトと比べても勝るとも劣らないだろう。

「日本人離れしたプロポーション」という言葉は、もはや意味を持たなくなっていた。

微乳の誕生

70年代から80年代にかけては「大きな胸」が敬遠されたことは第四章で述べたが、その時も決して「小さな胸」が好まれたわけではなく、あくまでも「それほど大きくない胸」がよいとされていたのだ。

80年代初頭には、いわゆるロリコンブームが起こり、少女ヌードの写真集や少女や幼女をモチーフにした「ロリコン・コミック」が人気を博したのだが、そこでは小さな胸は、あくまでも幼さを表現する記号でしかなかったし、少女であるがゆえの必然的な小ささであった。

90年代に入って、成人向け漫画の世界では顔も身体も少女なのに、胸だけが大きい「ロリ巨乳」キャラが増えていく。少女でありつつも、胸は大きい方がいいという読者の贅沢なニーズを取り入れたわけだ。

小さな胸そのものを愛好するという観点は、決して一般的なものではなかったのだ。

それまで、小さな胸は「ボイン」に対して「ナイン」、「デカパイ」に対して「ペチャパイ」、そして「巨乳」に対して「貧乳」と呼ばれてきた。いずれも、ネガティブな意味合いの強い表現だ。

ところが1998年に、初めて小さな胸をポジティブにとらえた言葉が生まれた。

それが「微乳」である。

きっかけとなったのは、この年の5月に発売された女優・葉月里緒菜（現・里緒奈）のヘアヌード写真集『RIONA』（撮影：篠山紀信　ぶんか社）だった。1995年に、既婚者であった真田広之との不倫が報じられ、清純派から「魔性の女」へとイメージが変わりつつあった彼女の初のフルヌード写真集は、大きな注目を集めたが、話題となったのは意外なまでに濃い陰毛と、ほとんど膨らみのない乳房だった。口の悪いマスコミは彼女のヌードを「がっかりおっぱい」などと評した。

しかし、この写真集をきっかけに「微乳」という言葉が生まれたのだ。

テレビ朝日系で放映されていた深夜の情報バラエティ番組『トゥナイト2』で、『RIONA』を話題の発端として、小さな胸に対する考察が展開された。その時に使われた言葉が「微乳」だったという。言葉自体は、同番組の放送作家の考案らしい。

そして同時期に『週刊SPA！』1998年6月3日号でも「微乳時代がやってくる⁉」という特集が組まれている。特集のサブタイトルが「葉月里緒菜の『堂々たるペチャパイヌード』で考えた」となっているように、こちらも葉月里緒菜の小さな胸から論が始められている。

「先頃出版された葉月里緒菜の写真集は、裸でなく『貧乳』を堂々と披露した彼女の態度が酒場の男たちの間で語られたようだ」

「（前略）そこに突きつけられたのが、葉月里緒菜の微乳ヌードだった。我々は、あらためて強烈に微乳の存在を意識させられた。そして、微乳の可能性について考えるきっかけを与えられたのだ」

特集は、巨乳ブームによって過剰供給された巨乳にうんざりしている風潮をとりあげ、そもそもそんなに巨乳を盲目的に信仰するべきではないのでは？　と疑問を投げかける内容になっている。実は特集自体は、微乳の魅力を語るというよりも、巨乳に対するアンチといった論調だった。

あくまでも「巨乳」に対比する形で「微乳」は取り上げられているのだ。この時期でも、まだメディアは「ちいさい胸」そのものの魅力に気づいていなかったのである。

AVでも「ちいさな胸」をテーマにした作品が誕生したのは、21世紀に入ってから。2002年12月発売の『貧乳マニア　おっぱいスペシャル総集編1』『同2』（Gap Bust）が最初の作品となるようだ。

タイトルからもわかるように、本作は総集編で、第1作が15人、第2作が16人収録している。これまでに撮影した作品から、たまたま小さい胸（Bカップ以下）だった女優の出演シーンをまとめただけで、貧乳へのこだわりがあるわけではない。ギャルあり、女子校生あり、コスプレあり、野外露出ありと、内容も女優のタイプもバラバラだが、パッケージに「ロリロリお乳をご堪能くださいませ」とキャッチコピーを書いているところを見ると、やはり貧乳好き＝ロリ好きだろうという意識がメーカー側にもあったようだ。

以降も『バスト80ｃｍ未満の胸膨（おっぱい）PART.2』（アロマ企画　PART.1は『バスト80ｃｍ台の胸膨（おっぱい）』）、『小さなおっぱいBEST』（ムーディーズ）、『微乳フェチ A-cup、B-cup 限定!!小さなおっぱい作品集』（ＳＯＤクリエイト）など、微乳女優を集めた総集編が年に数本のペースで各メーカーから発売されていく。

どうしてもロリの印象が強い微乳だが、２００６年には胸の小さな熟女ばかりを集めた『貧乳熟女中出し』（松竹梅）などもリリースされている。微乳好きはロリ好きばかりではないということも認知され始めたわけだ。

既存の作品の中から微乳女優のシーンを集めるだけで一作品ができるので、多少売上が伸びなくても利益は見込めるというところだろうか。逆に言えば、微乳テーマで撮り下ろしするには、まだまだ売上に不安があったということだ。

２００３年には『ＧＡＲＩ×2ガリガリ スマートな？ 女達とのセックス』（Ａ級フェチ）、２００４年には『ガリガリ』（ポッキー）という超スレンダー女優の出演作品が撮り下ろしされているが、こちらは微乳というよりも、度を越した超スレンダーなボディの方に視点が置かれている。

微乳物の撮り下ろしの第1弾としては、2007年の『貧乳アスリート』（TMA）が最初の作品のようだ。これは、陸上や弓道などの競技には胸が小さい方が有利だというコンセプトで、ほしのみゆ、川崎りな、渡瀬安奈、逢澤ゆうりの4人が出演するコスプレ物。

同じ年には、『貧乳アスリート』にも出演していた渡瀬安奈の『ハニカミお姉さんの敏感Aカップ 渡瀬安奈』（ワープエンタテインメント）もリリースされる。

同作は、「胸の小さい子は本当に敏感なのか？」を検証するというテーマの作品であり、微乳物としては、初の撮り下ろし単体作品となった。

微乳の魅力とは何か？

2009年、ドリーム・チケットから『微乳Aとっても感じる小っちゃいおっぱい 秋元美由』が発売された。『微乳A』は以降、20作以上を数える人気シリーズとなる。

このヒットに追随するように『微乳 真性中出し』『ふくらみ』（共にワープエンタテインメント）、『微乳少女』（ドグマ）、『敏感な微乳と』（プレステージ）、『貧乳いぢり』（I.B.WORKS）といった微乳をテーマにしたシリーズが各メーカーから次々とリリースされた。

こうした「微乳」作品で興味深いのは、『ハニカミお姉さんの敏感Aカップ 渡瀬安奈』でもテーマとなった「胸の小さい子は敏感」というイメージを強く打ち出している点である。

藤木TDCの『アダルトビデオ最先端　～身体と性欲の革命史～』（コアマガジン　2011年現在は『ニッポンAV最先端　欲望が生むクールジャパン』と改題され文春文庫から発売）の「微乳が映しだすデフレ時代」の章には、『微乳A』シリーズの生みの親であるプロデューサーのこんな発言が掲載されている。

「ロリ（＝ロリータ）とは一緒にしないでくれっていうユーザーは多いんですよ。ロリと微乳は決定的に違うんです。ロリは何も分からない小さな女の子をイタズラするイメージですが、微乳の女性には性感帯の敏感さが求められるんですよね。根拠はないんですけど乳首が敏感みたいなイメージ。だから微乳AVを好きっていうのは、オッパイが小さいからというわけじゃなくて、敏感な女のコが好きな人が見ているのかなというふうに分析しています」

「微乳は感じやすい」というのは「巨乳は感じにくい」というのと同じく、根拠のない勝手なイメージに過ぎないのだが、どことなく納得させてしまう信憑性はある。

そしてもう一つの「微乳」の魅力は「巨乳に対するコンプレックス」である。『微乳A』のプロデューサーはこう分析する。

「今はテレビとかグラビアとかの効果でオッパイが大きい方が男は好きなんだという操作というか固定観念が植え付けられているでしょう。そういう中で女のコが大人になって、周りと比べた時、自分の胸が小さいことを恥じていて、コンプレックスに思っている。でもその劣等感を知性とか品性とかセンスとかで補って、控えめで恥じらいある価値観の中で生きている。おっとりしていじましい感じ、そういうイメージが微乳女性の世界観にあるんですよね。そこが大和撫子的な奥ゆかしさじゃないかと」

同書では、AVライターの沢木毅彦も微乳女性の魅力について語っている。

「(前略)胸のない女は近づく男を『おっぱい目当て』とは思わないわけじゃない。そういうふうには思われない、というだけで、こっちは近づきやすいわけ。男の側の幻想だけど、微乳のコには体目当ての男が寄ってこないって意識があるわけで、逆に『こんな胸のない女のコでも好きになってくれるんだ』と思ってくれるんじゃないかと。つまり、出会いからプラトニックな恋愛に入っていけるわけ。(中略)逆に微乳の女が市民権を得てそれを自慢にしても、こっちにしたら可哀想なところが好きなわけだから『お前は貧乳のくせに何だ!』となる。開き直って自信を持たれても困るんだよ」

微乳作品に登場する女優は、華奢なルックスの子がほとんどだ。本来ならば、体型は豊満でも胸がないという女性も存在するわけだが、そうしたタイプは「微乳」とは認識されない。

微乳女優は、あくまでも華奢で線が細く、どこか幸の薄そうなタイプに限られるのだ。なので、いくら胸が小さくても、アイドル的な人気のある単体女優の希志あいのや桜井あゆ、痴女プレイを得意とする乃亜などは、微乳女優とは呼ばれない。

沢木毅彦も「微乳のコって、ちょっと可哀想だなってイメージで見てしまう」と語っているが、微乳女優の出演作品はダークなタッチの凌辱物、調教物が多い。その痛々しさが嗜虐心をくすぐる面もあるのだ。

微乳ブームの代表的な女優である希内あんななどはその典型である。ほっそりとした体型に、ほとんど膨らみのない胸。整ってはいるが、どこか陰のある顔立ち。そんな性の匂いを感じさせないルックスにもかかわらず、アナルセックスで激しく感じてしまうという淫乱性。「幸の薄そうな女の子」を絵に描いたようなタイプであり、それゆえに一部に熱狂的なファンを持っていた。

秋元美由、篠めぐみ、神河美音といった微乳ブームを支えた女優たちは、みんなそうした線の細さを感じさせるタイプであった。

しかし、こうした「微乳女性の魅力」はすべて勝手な思い込みに過ぎない。微乳が感じやすいというのに根拠はないし、胸が小さいことにコンプレックスを持っている女性ばかりではないだろうし、もちろん不幸な女性ばかりでもない。

そして、その「魅力」の大半が、巨乳と対比して生まれるものなのだ。1998年の『週刊SPA!』の記事の論調はある意味で正しかったと言えるだろう。

2009年に巻き起こった微乳ブームは、希内あんななどの中心的な女優が次々と引退したことで、一年少しで終息する。

実は微乳と呼べるほど極端に胸の小さい女優は、意外に少ないのだ。巨乳の女優に関しては、供給に苦労することはなくなったが、むしろ微乳の女優を探す方が、よっぽど難しいのである。

それでも一定数の根強いニーズがあるため、微乳作品は作られ続けている。ブームを牽引した『微乳A』シリーズも、いい微乳女優がいる度に制作されるという断続的なリリースながらも、現在まで続いている。

DMM.R18で2016年度に発売されたAVの中で、「貧乳・微乳」のタグが付けられたタイトルは525本。「巨乳」のタグが付けられた作品数6143本には到底及ばないが、「巨尻」の443本は上回っている。

「微乳」もまたAVのジャンルとして定着しているのだ。

史上最も売れた巨乳

話を巨乳に戻そう。10年代に入って最も話題を呼んだ巨乳と言えば、小向美奈子の「スライム乳」ではないだろうか。

小向美奈子は2000年に日本テレビ系のレコード会社バップが選出するグラビアアイドルグループ「プチエンジェル」の第1期メンバーとして芸能界デビュー。この時、彼女はまだ中学3年生の15歳だったが、90センチFカップの巨乳が話題となり、たちまち人気を集める。翌2001年にはフジテレビビジュアルクイーンにも選出され、トップグラビアアイドルの仲間入りを果たす。

「のちに、仲村みう、泉明日香、紗綾などのブレイクで巻き起こる『U－15アイドル』ムーブメントの原点と呼べる存在こそ彼女であり、彼女の成功がなければ、グラビアアイドルの低年齢化がここまで進んだかどうか……。」と、アイドル系ライターの織田祐二は『グラビアアイドル「幻想」論』の中で、この時期に彼女が果たした功績を評している。

しかし2004年、『BUBKA』1月号で男性とのディープキス写真が掲載され、さらには5月号で、15歳の時に浜辺でビキニ姿で喫煙している写真も掲載。この記事では、14歳の頃から渋谷で遊び歩いていたと当時の仲間の男性が証言。この時期からスキャンダラスなイメージがつき始めた。実際、2009年に発売された告白本『いっぱい、ごめんネ。』（徳間書店）

には、小学6年生から喫煙していたこと、中学一年で初体験していたこと、そして初めての写真集を撮影していた15歳の時に妊娠していたことなどが語られている。

２００８年に所属事務所が契約解除を発表し、２００９年に覚醒剤取締法違反で逮捕され懲役1年6ヶ月と執行猶予3年の有罪判決を受ける。現役アイドルの覚醒剤による逮捕のニュースは世間に衝撃を与え、皮肉にも一般的な知名度はここで大きく高まった。

２００９年6月、なんと小向美奈子は老舗ストリップ劇場である浅草ロック座に出演し、そのステージで「スライム乳」と称された柔らかそうなＦカップの巨乳を露わにしたのである。場内は撮影禁止にもかかわらず、その裸身を隠し撮りした写真が『週刊現代』と『フライデー』に掲載され、浅草ロック座に訴えられるという事件もあった。

翌２０１０年1月には、ＳＯＤクリエイトよりヌードイメージビデオ『DANGEROUS STRIPPER』も発売した。

しかし、小向美奈子の「お騒がせ」はそれにとどまらなかった。２０１１年2月に再び覚醒剤所持容疑で逮捕。この時は証拠不十分で不起訴となっている。

そして、この年の9月にアリスＪＡＰＡＮから遂にＡＶデビューを果たす。デビュー作『ＡＶ女優　小向美奈子』は売上20万本を超える大ヒットとなり、これは現在に至るまで、ＡＶ史上で最も売れた作品と言われている。

以前より、かなり豊満になった肉体は好き嫌いの分かれるところではあったが、Ｈカップに成長した爆乳を震わせながらの激しいファックシーンは、これまでの「芸能人」物の枠を遥かに超えた濃密な内容となっていた。

以降も順調にAVをリリースし、2014年にはムーディーズに移籍しての第1弾『ぶっかけ中出しアナルFUCK！小向美奈子』で、76メーカー78作品がエントリーしたAV業界最大のイベント「AVオープン」のグランプリを獲得。2位作品にダブルスコアの差をつけての圧勝だったという。

ところが2015年に、覚醒剤所持で3度目の逮捕。1年6ヶ月の実刑判決を受ける。

出所後、すぐにAVに復帰し、海外配信の無修正作品にも出演。

肉体の豊満さはさらにボリュームを増し、現在はマニア向けといってもよいほどのプロポーションとなっている。最近作でのサイズ表記はIカップ。

日本で、最も「お騒がせ」した巨乳だと言っても過言ではないだろう。

TOEIC990点の爆乳女優

小向美奈子以降の巨乳女優と言えば、尾上若葉や吉川あいみ、松岡ちな（すべてHカップ）や、「神の乳」の異名をとる宇都宮しをんが有名なところだろう。

宇都宮しをんは、2013年に『新人NO.1STYLE　宇都宮しをんAVデビュー』（エスワン）でデビュー。B105・W58・H89というナイスバディ系の系譜を引き継ぐ超絶的なプロポーションは「フィギュアを超えた」と言われた。また、爆乳サイズでありながら形もいいJカップの乳房には「神の乳」というキャッチフレーズが付けられた。

宇都宮しをんは、なぜか並行して「いっさいの情報が明らかにされていない謎の美女」安齋らら名義でもグラビア活動を行い、2014年に突如引退したかと思うと、翌2015年にRIONと改名して再び同じエスワンから『新人NO.1STYLE AVデビューRION』で新人として再デビューするなど、謎の多い女優ではあるが、やはりそのボディの素晴らしさは圧倒的だ。美巨乳を超える美爆乳女優である。

しかし10年代の爆乳を代表する女優と言えば澁谷果歩の名前が挙がるだろう。

2014年に『超乳Jカップ 澁谷果歩 パイパンデビュー』（アリスJAPAN）でデビューした澁谷果歩は、身長150センチと小柄でありながらJカップ93センチという爆乳で注目された。しかし、それ以上に彼女が注目を集めたのは、東京スポーツ紙の元記者だったことが後に発覚したためだった。デビュー当初は、そうした肩書も伏せられ、「普通の」新人AV女優としての売り出し方であったが、彼女の本領が発揮されたのは、アリスJAPAN、アイデアポケットとの専属女優としての活動を経て、企画単体女優となってからだった。

「月に1本しか撮影しない専属契約では物足りなかったから企画単体女優になった」と本人が語っている通り、堰を切ったように数多くの作品に出演。2016年の出演作は120本を超えた。

そして彼女は、英検1級、TOEIC990点（満点）という学力の持ち主でもある。

筆者はインタビューやトークショーでの共演など、彼女と接する機会が多いのだが、その度に頭の回転の速さに舌を巻いた。

「胸の大きい女性は頭が悪い」という俗説は、澁谷果歩の前では完全に打ち崩される。

50年代の代表的な巨乳女優のジェーン・マンスフィールドが実はIQ163、5ヶ国語を操る才女であったという事実を思い起こさせる。そしてジェーン・マンスフィールドが、それを表には出さずにあくまでも大衆が望む「可愛いおバカさんのグラマー」を演じていたことと同じように、澁谷果歩も普段は知性の高さをひけらかすことはせず、あくまでも「可愛くておっぱいの大きい淫乱なAV女優」というキャラクターを押し通しているのである。

それは男性の側が、未だに「胸の大きい女性は頭が悪い」というイメージにとらわれているという証拠なのかもしれない。それが望まれているということを、澁谷果歩は理解しているのである。

妄想が実体化していく時代

下着メーカーのトリンプが2017年に発表した「下着白書」（2016年調査）によれば、

現在最も多いカップサイズはCカップで25・6％で、Dカップが25％でそれに並ぶ。以下はBカップの19％、Eカップ17・2％、Fカップ6・6％、Aカップ4・1％となる。

これをDカップ以上とCカップ以下で分けると、前者が51・3％、後者が48・7％となり、「日本女性のバストの過半数がDカップ以上になった」と報道された。

トリンプが調査を始めた1980年では、Dカップ以上は、わずか4・5％。つまり95％以上がCカップ以下だったのが、36年でここまで変化したということである。

巨乳ブームが到来した1990年でも、最も多いのはBカップで、Cカップ以下の女性は84・2％もいた。

80年代後半に「Dカップ」が大きい胸の代名詞になったというのも無理はない。Dカップ以上の胸の女性は、2割に満たなかったのだから。そんな時代に松坂季実子のGカップは、正に想像を絶する大きさだったのだ。

ここで、2004年から2016年までのAV女優セールス上位3名のカップサイズを見てみよう（DMM.R18調べ）。

2004年　1位＝南波杏（E）　2位＝桜朱音（E）　3位＝来生ひかり（D）
2005年　1位＝麻美ゆま（H）　2位＝あいだゆあ（E）　3位＝非公開

2006年　1位＝荒井美恵子（？）　2位＝神藤美香（G）　3位＝麻美ゆま（H）
2007年　1位＝鮎川なお（E）　2位＝浜崎りお（G）　3位＝麻美ゆま（H）
2008年　1位＝佳山三花（G）　2位＝三枝美央（F）　3位＝初美りおん（C）
2009年　1位＝吉沢明歩（E）　2位＝麻美ゆま（H）　3位＝澤村レイコ（D）
2010年　1位＝やまぐちりこ（F）　2位＝春菜はな（K）　3位＝大沢美加（C）
2011年　1位＝仁科百華（J）　2位＝小向美奈子（H）　3位＝吉沢明歩（E）
2012年　1位＝さとう遥希（F）　2位＝麻美ゆま（H）　3位＝小倉ゆず（F）
2013年　1位＝上原亜衣（E）　2位＝橘梨紗（F）　3位＝つぼみ（D）
2014年　1位＝波多野結衣（E）　2位＝上原亜衣（E）　3位＝宇都宮しをん（J）
2015年　1位＝篠田あゆみ（I）　2位＝波多野結衣（E）　3位＝JULIA（J）
2016年　1位＝波多野結衣（E）　2位＝高橋しょう子（G）　3位＝AIKA（E）

カップは基本的にその年の作品のパッケージの表記に従っているが、正直言えばあまり当てにはならない。同じ月に発売された作品でも違っていることもある。

そもそも、巨乳が敬遠された時代のアイドルのバストサイズを84センチ以下に公表したことと同じように、あくまでも（プロダクションやメーカーの）自己申告に過ぎないからだ。

しかし、逆に言えば、その女優の胸のサイズをそう見てほしいという送り手側の意識も読み取れるわけだ。その時期に、好まれるカップサイズがそこには反映されているのだ。

1位を3点、2位を2点、3位を1点として集計してみると、Eカップが28点で圧倒的にトップとなった。ここ10年ほどで最も売れる女優のカップ数はEカップなのだと言ってしまってもいいだろう。

次いで11点で同点2位となったのがFカップとHカップなのだが、Hカップに関してはそのほとんどが麻美ゆまなので、これは除外してもいいかもしれない（Eカップにおいても、波多野結衣と上原亜衣が複数ランクインしているが）。その下は、4位Gカップ、5位Jカップ、6位がDカップとIカップ、8位がCカップとKカップと続く。

全体的な動きを見ると、Eカップ、Fカップを中心に上下しつつも、年々少しずつ大きい方へ推移しているという感じだろうか。

しかし、Hカップ、Iカップ、Jカップ、そしてKカップという、以前ならヴィ・シー・エーやシネマユニット・ガスのような爆乳マニア向け作品でしか考えられなかったサイズの胸を持った女優が、年間上位3位内に入るようになったのは、スレンダー至上だった80年代のAVシーンを知るものにとっては隔世の感があり、なんとも感慨深い。

現在のAV業界では巨乳の基準はGカップ以上というのが暗黙の了解となっており、OPPAIやシネマユニット・ガスのような巨乳専門メーカーでは「基本的にはHカップ以上」の女優を起用しているという。

トリンプの調査によれば、現在Gカップ以上のカップサイズの女性はわずか2・5%。1980年の段階でのDカップよりも少なく、貴重な存在なのである。

しかし、AVやグラビアには次々と「巨乳」女性が登場する。彼女たちは選ばれし者であり、身近にいない存在だからこそ、男たちの興奮の対象となる。

現在、微乳のファンが少なからずいるというのは、実はAカップは4・1%とFカップよりも少ない貴重な存在となっていることが背景にあるのかもしれない。

男たちの欲望はとどまるところを知らないが、アダルトメディアはどこまでもそれに応えようとする。

かつては漫画の中にしか存在しなかったようなプロポーションを持った女体が、次々と実体化していく。妄想が現実となる。

造形の神は、それほど男たちの性欲を愛しているのだろうか？

おわりに

満員の客席に向かって、ステージ上の女性たちがグラスをかかげ、無邪気に叫ぶ。

「みんなおっぱい大好きか～！　おっぱ～い！」

観客も声を合わせる。

「おっぱーい！」

乾杯のかけ声の代わりに「おっぱい」と叫ぶのが、このイベントのお約束となっている。

女性たちは一斉に手に持ったグラスからアルコールを喉に流し込む。ステージ上のテーブルの上手から、春菜はな、塚田詩織、三島奈津子、葉月美音、推川ゆうり、そして司会担当の筆者。

春菜がKカップ、塚田がJカップ、三島と葉月がIカップ、推川がGカップ。全員、AV女優だ。服の上からでもはっきりとわかる彼女たちの巨大な乳房の迫力に圧倒される。

２０１７年８月30日に新宿のトークライブハウス、ロフトプラスワンで行われた「納涼・爆乳夏祭り！　おっぱいが超いっぱいすぎ！」なるイベントである。

爆乳AV女優ばかりを集めたこのイベントは、これで3回目となり、筆者は毎回司会を担当している。150人分の入場券は、予約だけであっと言う間に売り切れた。このイベントはいつも大人気なのだ。

イベントタイトル通りに、テーマは「おっぱい」。3時間以上のイベント中、ひたすらおっぱいについての話をする。

観客の熱気がすごい。ここにいるのは、全員巨乳好きなのだ。誰もが幸せそうな笑みを浮かべて、ステージ上の巨乳女優たちを見つめている。

「やっぱり巨乳は強いよな……」

スタッフが思わずつぶやく。筆者は、よくAV女優のイベントの司会をするのだが、巨乳系のイベントは、人気も客のテンションも、他のイベントに比べて群を抜いているように思える。

みんな、巨乳が大好きなのだ。

巨乳をめぐる旅も、ようやく現在までたどり着いた。長い長い旅であった。

社会状況や流行、様々な要因により、大きい胸が喜ばれたり、小さい胸に注目が集まったり、求められる乳房の大きさは、その時々によって変化する。

個人の性的嗜好というものは、そう簡単に変わるものではない気もするのだが、それでもやはり時代の影響は大きいのだろう。

本書では、あえて「巨乳が好きな人は、なぜ巨乳に惹かれるのか」の理由の分析には触れないようにした。あくまで、アダルトメディアを中心としたマスメディアの中で「巨乳」がどのように扱われてきたのかの変遷を追うことに専念した。

なぜならば、「巨乳が好きな人」と一口に言っても、大きくて形のいい乳房が好きな人、少し垂れているくらい質感がある大きな乳房が好きな人、大きくて柔らかい乳房が好きな人、とにかく尋常ではないほどに大きい乳房が好きな人、乳房自体の大きさはそこそこでも乳輪が大きいことに興奮する人、などその嗜好は様々なのだ。巨乳であれば何でもいい、などという人は、ほとんどいないだろう。それぞれに、好きな「巨乳」へのこだわりは強いのだ。

となれば、なぜその「巨乳」が好きなのかという理由自体も様々なはずだ。そう簡単にひとからげに語れるものではない。

巨乳好きはマザー・コンプレックスに理由があるという説も根強いが、オハイオ大学のアルヴィン・スコーデル博士の調査によれば、逆に「依存心が強い甘えん坊の男ほど小さな乳房を好む」という結果が出たとも言う（この調査は1957年とだいぶ古いものだが）。

そもそも、なぜ女性の乳房が大きくなったのか。女性の乳房は母乳を出すためだけであれば、それほど大きさは必要はない。妊娠時や授乳時以外でも乳房が大きいままの哺乳類は人間だけであり、乳房や乳首が性感帯というのも人間だけの特徴だ。

イギリスの動物学者デズモンド・モリスは、乳房は臀部の代わりに大きくなったのではないかという説を唱えている。

人間は進化の過程で後背位から向かい合う正常位で性交するようになっていった。サルなどは、お尻が赤く腫れ上がることで発情期になることをオスに知らせるのだが、向かい合うと、セックスアピールのポイントであるお尻が見えなくなってしまう。

その代わりに人間の女性は胸をお尻のように膨らませたというのだ。また、乳房が性感帯となることで、正常位で行う性交の興奮を高めていったというのがモリスの説だ。

一方、あくまでも授乳を中心に考える学者もいる。文化人類学者のライラ・レボウィッツは、授乳のための器官を守るためのクッションとして、そして母乳を温かくしておくために乳房に脂肪がついて、大きくなっていったのではという説を唱える。

また赤ん坊が母乳を飲みやすいように、飛び出した形になったという説もある。

いずれにせよ、なんらかの理由があって人間の女性の乳房は膨らんだ形に進化したのだとすれば、やはり大きい乳房こそが正しい姿だということになるのだろうか。そこに男性が惹かれるのは当然なのだろうか？

いや、そんな太古からの本能だけで左右されるほど現代の人間の性欲は単純ではないだろう。開国以前の日本人男性は乳房に興味を示さなかったわけだし、世界的にも巨乳が敬遠された時代があったということも、本書ではくり返し語ってきた。そして現在でも、貧乳好きという男性は少なからずいる。

何を隠そう、筆者もその一人だ。こんな本を書いているのだから、よっぽど巨乳好きなのだろうと思われるかもしれないが、実は巨乳よりも、小さくて華奢な胸に惹かれてしまう。いや、話はそう単純でもないのだ。ヌードならば貧乳が好きなのだが、着衣や水着の状態であれば巨乳は大好きなのだ。

本書でも多く取り上げた巨乳グラビアアイドルの写真集はずいぶん買ってきた。特に好きなのは青木裕子である。

その一方で、AVでは第八章で取り上げた微乳女優たちの作品を好んで見てきた。こちらでは、希内あんなの大ファンだった。

自分でも、なぜ着衣だと巨乳が好きになるのか、その理由はよくわからない。露出度の高い小さなビキニ姿や、手や異物でギリギリ乳首だけを隠しているような着エロなら、巨乳に興奮するのに、それがすべて露出されると、たちまち興味がなくなってしまうのだ。

筆者ひとりをとっても、これだけ複雑であるし、何よりもここまで語ってきた巨乳の歴史を見れば、人間の性に関する欲望の形は、単純ではないことがわかるはずだ。10人の巨乳好きがいれば、10個（20個か？）の好みの巨乳があり、好きな理由も10通りあるだろう。

女性の胸の2つの脂肪の塊に、男性はここまで悩まされ、振り回され、夢中になってきたのだ。

本書は筆者の6冊目の著書となるが、今までで、最も苦労した本となった。これまでの著書はある程度の知識の蓄積があった上で執筆に取りかかれたのだが、本書のテーマである「巨乳」に関しては、前述の通りにこれまであまり興味がなかったので、知識も資料もあまり持ち合わせていなかったのだ。

テーマとしては面白そうだと思って手をつけたものの、何もかも一から勉強しなおさなければならなかった。

とりあえず『週刊プレイボーイ』編集部と『バチェラー』編集部にお願いして、創刊号からチェックさせてもらった。後は国会図書館に通いつめて、戦後の雑誌を片っ端からひっくり返して「巨乳」がどう扱われていたのかを調べていった。

グラマー、ボイン、デカパイ、Dカップ、巨乳、爆乳、さらにはカップ数表記や、豊かな乳房、大きなオッパイなどの表記がいつからどのように使われていたか、60年分700冊の雑誌から抜き出してエクセルに打ち込んでデータベースを作っていった。

ひたすら大きなおっぱいの事を考え続ける1年間だった。

もうしばらくの間は、大きいおっぱいから解放されたいという気分だ。

これは筆者の40代最後の本となる。これを書き終えると、ちょうど50歳の誕生日がやってくるのだ。

本書を書き上げる上で、多くの方々にご協力をいただいたことに感謝したい。関係者の方々、特に『バチェラー』の白石弘編集長には大変お世話になった。そしてネットで貴重な情報やヒントをくれた、お会いしたことのない方々。あなたたちがいなければ、「巨乳」という不慣れな世界で迷子になってしまうところだった。巨乳マニアの間では知る人ぞ知るサイトである「豊乳 in My Life」はずいぶん参考にさせていただいたのだが、運営者の浩氏は２００７年に既に亡くなられていた。サイトに残された日記での、病と闘いながらも巨乳への探求を続ける姿勢には本当に感動した。

そして最後に、この巨乳をめぐる旅を共に歩んで下さった太田出版の穂原氏に感謝を。

安田理央

巨乳年表

1871～2017

1871年

・日本で裸体禁止令発令。

1889年

・フランスでブラジャーの原型とされるコルスレ・ゴルジェが開発される。

1895年

・ドイツで初の豊胸手術が行われる。

・黒田清輝の裸体画「朝妝《ちょうしょう》」❶が論争を巻き起こす。

❶

1901年

・上野の展覧会で黒田清輝の裸体画に布を巻いた「腰巻事件」が起こる。

1914年

・メアリー・フェルプス・ジェイコブがブラジャーの特許を取得。

1930年

・ジーン・ハーロウ『地獄の天使』❶❷（監督＝ハワード・ヒューズ）に出演。

❶

❷

❶

❷

❶

1932年

メイ・ウエスト『夜毎来る女』❶❷で映画デビュー。

1943年

・ジェーン・ラッセル出演作『ならず者』❶（監督＝ハワード・ヒューズ）アメリカで公開。

1945年

・第二次世界大戦終結。

1947年

・ストリップの元祖「額縁ショー」が新宿で開催。
・ストリップ劇場「浅草ロック座」開店。

1949年

・和江商事（後のワコール）がブラパット発売。
・国産肉体派女優第一号と言われる京マチ子、映画デビュー。『痴人の愛』などがヒット。
・ジェーン・ラッセル出演作『腰抜け二挺拳銃』日本公開。

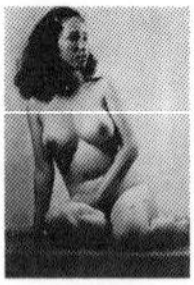

❶

1950年

・オッパイ小僧こと川口初子❶ストリップデビュー。同じくメリー・ローズ（春川ますみ）も登場。

・和江商事、自社の専属工場でブラジャーの生産を始める。

❶

❷

1952年

・イタリア映画『にがい米』❶日本公開。シルヴァーナ・マンガーノが強いインパクトを残す。

・ジェーン・ラッセル出演作『ならず者』❷日本公開。

・三原葉子、『風雲七化け峠』で映画デビュー。

・日本初の下着ショウ、大阪・阪急百貨店で開催。

❶

❷

1953年

・伊東絹子、日本代表としてミス・ユニバースに出場し3位に。八頭身が話題に。

・根岸明美、『アナタハン』主演で映画デビュー。

・マリリン・モンロー出演作『ナイアガラ』❶『紳士は金髪がお好き』日本公開。

・アメリカで『プレイボーイ』❷創刊。

1954年

・マリリン・モンロー来日。

❶

1955年

・ジェーン・マンスフィールド❶、米『プレイボーイ』誌でプレイメイトに選出される。

❶

❷

1956年

・和製シルヴァーナ・マンガーノと言われた泉京子❶、映画デビュー。
・『女真珠王の復讐』公開。前田通子が邦画史上初めて女優のオールヌードシーンを披露。
・下着ブーム。ブラジャーが一般女性の間に一気に広まる。
・アメリカで、後に巨乳専門誌となる『ジェント』❷創刊。

❶

❷

1957年

・グラマーが流行語に。
・大映『グラマー・スター・コンテスト』を実施。
・筑波久子主演作『肉体の反抗』❶（日活）が大ヒット。
・グラマー女優・毛利郁子、映画デビュー。
・ブリジッド・バルドー出演作『素直な悪女』日本公開。
・『日本カメラ臨時増刊 グラマーとヌード』『同 グラマーの星座・18人チャームフォト』（日本カメラ社）発売。
・アメリカで、後に巨乳専門誌の老舗となる『フリング』❷創刊。

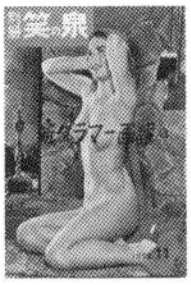

❶

1958年

・『別冊笑の泉 新グラマー画報』❶（一水社）創刊。

❶

1959年

・児島明子❶、ミス・ユニバース1位に。彼女が大型グラマーだったので、対比する意味でトランジスタ・グラマーという言葉が流行る。

・『グラマ島の誘惑』公開。
・『グラマーフォト』（東京三世社）創刊。

1962年

・イザベル・サルリ主演映画『女体蟻地獄』日本公開。
・『グラマー大行進』日本公開。
・アメリカで初のシリコンバック豊胸手術が行われる。

1963年

❶
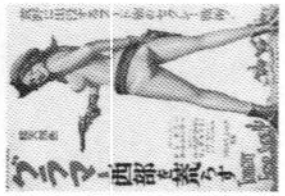

❷

・『グラマーと吸血鬼』❶『グラマー西部を荒らす』❷日本公開。
・ジェーン・マンスフィールド、『プロミス！ プロミス！』でハリウッドの主演女優として初めてヌードを披露する。

1964年

❶
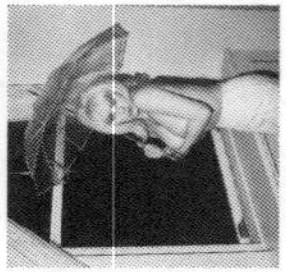
❷

・『平凡パンチ』❶（平凡出版 後にマガジンハウス）創刊。
・サンフランシスコのナイトクラブでキャロル・ドーダ❷が初のトップレスダンスを行う。
・カナダで、スタイリストのルイーズ・ポアリエが胸を大きく見せるブラジャーを考案。のちにワンダーブラとして世界的に大ヒットするが当時はそれほど売れなかった。

1965年

・水城リカ『水中裸の浮世絵 蛇魂』で映画デビュー（当時の芸名は水野よし子）。バスト103センチの巨乳で人気に。

1966年

❶

❶

❷

❶

・ラス・メイヤー監督の映画『モンド・トップレス』❶がアメリカでヒット。

1967年

・アメリカの巨乳女優、ジェーン・ラッセル来日。
・『11PM』（日本テレビ系）で大橋巨泉が、朝丘雪路❶の胸を「ボイン」と表現。
・青山ミチ❷、ビキニで102センチの胸をアピールし『男ブルース』をヒットさせる。
・谷ナオミ、『スペシャル』で成人映画デビュー。
・ツイッギー来日。ミニスカートブームに。この後、痩せていることが美人の条件に。
・アメリカのストラスマン博士が「バストの大きい女性は知能指数が低い」と発表。
・ジェーン・マンスフィールド交通事故死。

1968年

・『アフタヌーンショー』（NETテレビ系）でオッパイ・コンクール開催。橋本益子（B98・W60・H90）が優勝。
・黛ジュン、『天使の誘惑』で第10回レコード大賞受賞。伊東ゆかり『恋のしずく』との競り合いは「ボイン対スレンダーの戦い」と言われた。
・ラス・メイヤー監督の映画『草むらの快楽』日本公開。

1969年

・月亭可朝の『嘆きのボイン』❶がヒット。
・ラス・メイヤー監督の映画『女豹ビクセン』日本公開。
・TBSテレビ系のドキュメンタリー番組『特捜ズームイン・映倫No.15942』で初めてテレビ放送で乳房が映る。

1970年

・ロッテチューインガム「ニューボンボン」でボディペインティングした小井戸エマのCMが話題に。

❶

❷

1971年

・池玲子、『温泉みみず芸者』❶（東映）で映画デビュー。
・イザベル・サルリ主演映画『先天性欲情魔』❷日本公開。
・フラワー・メグ、『23時ショー』（NETテレビ系）で初めてテレビの生放送で上半身ヌードを見せる。

1972年

・ウーマンリブの影響でノーブラが流行。
・ビキニ水着がブームに。

❶

1973年

・麻田奈美が❶『平凡パンチ』のヌードグラビアでデビュー。当時は85センチDカップだったが、後に90センチFカップに成長。

❶

1974年

・小島功『ヒゲとボイン』を『ビッグコミックオリジナル』（小学館）で連載開始。
・バスト185センチのチェスティ・モーガン主演映画『デッドリー・ウェポン』❶『ダブル・エージェント73』がアメリカで公開。
・谷ナオミ主演作、日活ロマンポルノ『花と蛇』が大ヒット。

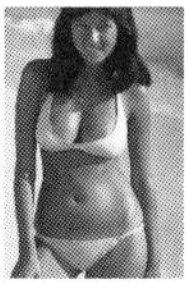
❶

1975年

・アグネス・ラム❶来日。大ブームを巻き起こす。

❶

1976年

・かたせ梨乃❶デビュー。ラオックスのCMで巨乳を揺らして話題に。肉感的グラビアアイドルの先駆者となる。

❶

1977年

・榊原郁恵❶デビュー。初の巨乳アイドル。
・望月三起也『Oh！ 刑事パイ』を『ビッグコミック』（小学館）で連載開始。

1978年

・ストリッパーであったマリア茉莉が『透明人間 犯せ！』でにっかつロマンポルノにデビュー。
・ワコールがフロントホックブラを発売。
・タンクトップ流行。

❶

1979年

・宮崎美子❶、ミノルタのCMで大人気に。
・1977年創刊の月刊『バチェラー』（大亜出版 後にダイアプレス）がこの年の11月号より巨乳路線へ変更。
・柏原芳恵デビュー。
・『まいっちんぐマチコ先生』（えびはら武司）連載開始。「ボインタッチ」などの行為が話題に。

1980年

・バチェラー増刊号『D-CUP』❶発売。初の巨乳専門ムック。

・バスト216センチのティナ・スモール(タイタニック・ティナ)の写真集『Every Inch a LADY』❷がイギリスで発売される。

・ブラジャーのサイズがJIS規格によって制定される。

・河合奈保子❸デビュー。

❶

❸

❷

1981年

・ミラノ・コレクションでボディ・コンシャス発表。

・ティナ・スモール、日本でも『バチェラー』で紹介される。

1982年

・藤尚美『恵子 バスト90桃色乳首』❶(ヘラルド・エンタープライズ/ポニー)発売。巨乳をテーマにした初のAV?

・中村京子「にっかつ新人女優コンテスト」に出場。モデルとして活動開始。

・TFCビデオコレクターズ(ヴイ・シー・エー)がラス・メイヤー監督作品を直輸入して販売。

❶

1983年

・堀江しのぶ❶がイエローキャブ第一号アイドルとしてデビュー。

・『D♥CUP 変態バスト99』(東京ビデオ)発売。

・初の巨乳フェチAV『淫乳 バストアップ95』❷(ヴイ・シー・エー)発売。

❶

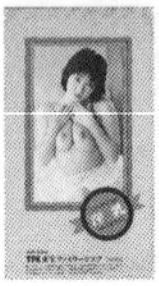

❷

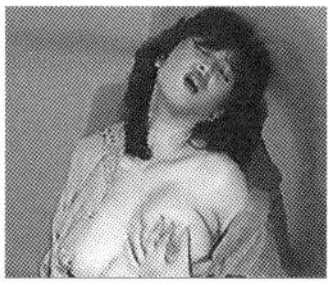
❶

1984年

・菊池エリ❶（Eカップ）、裏ビデオ『みえちゃった』で話題となりAVでもデビュー。
・ヴイ・シー・エーが東池袋にレンタル&セルビデオショップ「サンビデオ」を開店。巨乳AVを数多く扱う。
・錦糸町にデートクラブ「D-CUP」開店。
・ビデオ通販店ビデオクラブ「D-CUP」開店。

❶

❷

1985年

・中村京子主演❶『巨大バスト99 Dカップの女』（にっかつ）公開。
・高槻彰監督によるAV『淫乳 Part2』（ヴイ・シー・エー）発売。
・ヴイ・シー・エー直営の巨乳専門ビデオショップ「ヴイ・レックス原宿」開店。
・池袋サンビデオ主催「Dカップギャルコンテスト」開催。中村京子が優勝。
・『マシュマロ・ウェーブ／巨乳』❷（ニューセレクト）公開。
・巨乳漫画家わたなべわたる、『パンプキン』（白夜書房）でデビュー。
・新橋にファッションヘルス店「ヘルスDカップ」開店。

❶

❷

1986年

・『菊池エリ 巨乳』（新東宝映画）公開。
・吉原「Dカップコレクション」開店。
・初の和物Dカップ雑誌『メディアプレス』❶（三和出版）創刊。
・洋物巨乳雑誌『マジョクラブ』❷（大洋書房）創刊。
・ボディコンブーム。

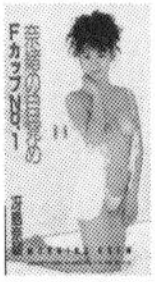

❶

❷

❶

❸

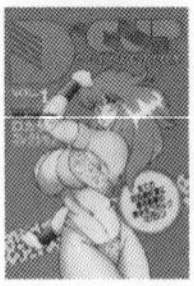

❷

❶

❸

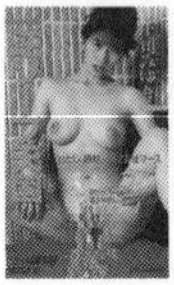

❷

❹

❶

❷

1987年

・Fカップでくびれボディの冴島奈緒❶や、アイドル顔で巨乳の立原友香❷がAVデビュー。AVにも巨乳女優が増えてきた。

1988年

・かとうれいこ❶（当時は星野裕子、星野麗子）がイエローキャブからデビュー。

・初の巨乳漫画アンソロジー『Dカップコレクション』❷（白夜書房）、『Dカップ倶楽部』❸（桜桃書房）発売。

・日清食品から「Dカップヌードル」が発売されるも、すぐに「カップヌードル ビッグ」に名称変更。

1989年

・松坂季実子❶AVデビュー。Gカップ。巨乳の名称が一般化する。他にも、樹まり子、工藤ひとみ、庄司みゆき❷、加山なつ子、五島めぐ❸などが次々とデビューし、第一期巨乳ブームが到来。

・漫画『彼女はデリケート！』❹（カジワラタケシ）が『週刊少年マガジン』（講談社）で連載開始。女性キャラの巨乳表現が話題に。

1990年

・細川ふみえ❶がミスマガジン・グランプリを受賞し芸能界デビュー。

・桑田ケイ❷、AVデビュー。Gカップ113センチ。

・漫画『巨乳ハンター！』（安永航一郎）が『週刊少年サンデー』（小学館）で連載開始。

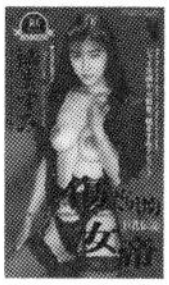
❶

❷

❸

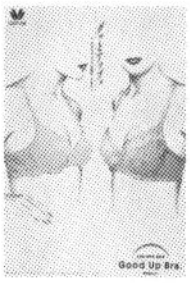

❶

❷

❸

❶

❷

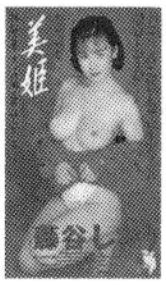
❸

1991年

・女子プロレスラーのレジー・ベネットが「ダダン」のCM（「ダ、ダ～ン！　ボヨヨン、ボヨヨン」）で巨乳を揺らして話題になる。
・橘ますみ❶（Eカップ）、AVデビュー。
・「クリスタル美療」の真理子（後の森川まりこ）、『バチェラー』誌面に初登場。
・バスト250センチのゼナ・フルゾム❷がイギリスでグラビアデビュー。
・和物巨乳専門誌『トップテンメイト』❸（若生出版）創刊。

1992年

・ワコールがグッドアップブラ❶発売。
・松田千奈❷グラビアデビュー。
・Tバックがブームになり、胸より尻に世間の注目が移る。
・奥浩哉、『変［HEN］』を『週刊ヤングジャンプ』（集英社）で連載開始。
・アメリカでは豊胸手術による巨乳ダンサーが増加。
・FDAがシリコン豊胸バッグの使用停止を命じる。
・アメリカで爆乳雑誌『スコア』❸が創刊される。

1993年

・巨乳専門誌『Dカップ・ジャパン』❶（蒼竜社）『ギャルズ・ディー』❷（ダイアプレス）創刊。
・藤谷しおり❸（Hカップ）、AVデビュー。
・ゼナ・フルゾム、ハードコアポルノに出演。

❶

❷

❸

❹

1994年

・雛形あきこ❶、フジテレビビジュアルクイーンに選ばれ、ブレイク。
・森川まりこ❷『ザ・爆乳Vol.1 Bomber Girl』（ヴィ・シー・エー）でAVデビュー。その超巨乳は爆乳と呼ばれた。Gカップの細川しのぶ❸もAVデビューし、人気を集める。
・日本初のプランパーAV『ザ・どすこいシスターズ』❹（アリスJAPAN）発売。
・アメリカで胸を大きく見せるブラジャー「ワンダーブラ」が大ヒット。15秒で一枚のスピードで売れたという。

❶

❷

❸

1995年

・Qカップ124センチの井上静香❶がAVデビュー。
・日本初の巨乳サイト『東京トップレス』が開設。
・高岡早紀がヘアヌード写真集『one, two, three』❷（ぶんか社）で巨乳を披露する。
・青木裕子❸がユミィオーディションでグランプリを受賞し芸能界デビュー。
・この時期にアメリカで人工乳房のメーカーが「卒業、クリスマスプレゼントに豊胸を」と女子高生などを対象に大々的な広告キャンペーンを展開。未成年の豊胸手術が増加。

❶
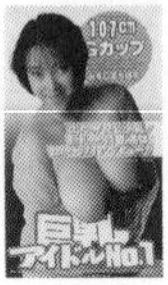
❷

1996年

・沢口みき❶（Jカップ）、みずしまちはる❷（Gカップ）、Gカップでウエスト52センチというくびれ巨乳の加納瑞穂❸（草凪純）がAVデビュー。
・山田まりや❹（Eカップ）芸能界デビュー。
・黒田美礼が高梨綾香から改名して再デビュー。グラビアクィーン・オブ・ザ・イヤー受賞。
・対戦型格闘ゲーム『デッドオアアライブ』（テクモ）がリリース。女性キャラかすみの「乳

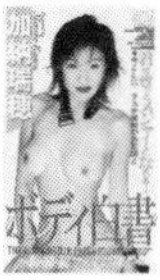

❸

❶

❸

❶

❸

❹

❷

❹

❷

❹

❶

揺れ」が話題となる。

・初の巨乳フィギュアビデオ『美少女巨乳人形』（アイダス）発売。巨乳イラストレーターB88が作成したフィギュアが19体出演。

1997年

・巨乳風俗誌『TOKYO TOPLESS』（高須企画）『おっぱい星人』（黒田出版興文社）創刊。

・立花まりあ❶（Jカップ）、みなみありす（Fカップ）、AVデビュー。

・優香❷（Fカップ）、小池栄子❸（Fカップ）芸能界デビュー。

・酒井若菜❹（Fカップ）が全国女子高生制服コレクションの準グランプリを受賞してブレイク。

1998年

・佐藤江梨子❶（Eカップ）が芸能界デビュー。

・遠野ゆき美（Fカップ）、山咲あかり❷（Hカップ）、夢野まりあ❸（Hカップ、後にPカップ）、AVデビュー。

・パイレーツ❹が「だっちゅーの」で新語・流行語大賞を受賞。

・おっぱい・乳首・母乳フェチ専門のビデオショップ「新宿トップレス」オープン。

・葉月里緒菜（現・里緒奈）へアヌード写真集『RIONA』（ぶんか社）発売。微乳が話題に。

1999年

・MEGUMI❶（Hカップ）が芸能界デビュー。

❶

❷

2000年

・大浦あんな❶AVデビュー。Iカップ101センチ。

・小向美奈子❷（Fカップ）芸能界デビュー。

・日本テレビ柴田倫世アナウンサー、松坂大輔投手との熱愛が発覚（2004年結婚）。「ロケット乳」が話題に。

❶

❷

2001年

・根本はるみ❶、芸能界デビュー。イエローキャブ初の100センチ超えタレント（103センチIカップ）。

・松金洋子❷（Hカップ）、磯山さやか（Fカップ）、熊田曜子（Fカップ）、芸能界デビュー。

・小倉優子、芸能界デビュー。微乳ながらもグラビアクィーンとなる。

・元棋士の林葉直子、豊胸手術でBカップからFカップへ。

・松山せいじ『エイケン』を『週刊少年チャンピオン』（秋田書店）で連載開始。爆乳キャラのオンパレードで人気に。

❶

❸

❷

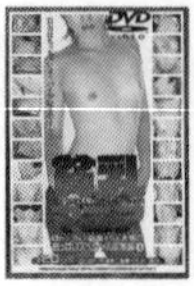

❹

2002年

・蒼井そら❶（Gカップ）AVデビュー。

・滝沢乃南❷（Iカップ）、井上和香（Fカップ）、佐藤寛子（Fカップ）芸能界デビュー。

・青木りん❸（当時は奥山りん名義）芸能界デビュー。

・ヴイ・シー・エー制作終了。

・初の貧乳AV『貧乳マニア おっぱいスペシャル総集編』❹（Gap Bust）発売。

2003年

・NHKのアナウンサー、古瀬絵理が「スイカップ巨乳」として話題に。

❶

❶

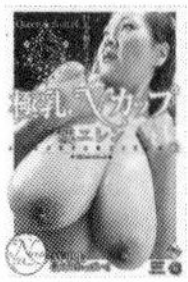
❸

❶

❶

❷

❷

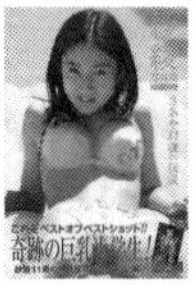
❷

❷

・夏目理緒❶（Jカップ）がミスヤングマガジンを受賞しデビュー。
・愛川ゆず季（Hカップ）、花井美理❷（Jカップ）、原幹恵（Gカップ）、森下悠里（Gカップ）杉原杏璃（Gカップ）、川村ゆきえ（Eカップ）芸能界デビュー。
・かでなれおん（Iカップ）がヘアヌード写真集『はだかのれおん』（朝日出版社）を発売。

2004年

・春菜まい❶（Hカップ）が『オレンジ通信』2003年度アイドル賞を受賞。巨乳女優では初受賞。
・手島優（Iカップ）、今野杏南（Gカップ）芸能界デビュー。
・神楽坂恵❷（Iカップ）グラビアアイドルとしてデビュー、後に女優として活躍。
・シネマユニット・ガスが爆乳専門メーカーになる。
・城エレン❸（Nカップ125センチ）AVデビュー。

2005年

・麻美ゆま❶、AVデビュー。Hカップでありながら正統派アイドル系女優として人気に。
・紗綾❷、芸能界デビュー。11歳でFカップというルックスが話題となる。

2006年

・浜崎りお❶（Hカップ）、AVデビュー。その後5年間で1000本以上に出演。
・着エロで大人気だったKカップ爆乳アイドル、青木りん❷がAVデビュー。
・グラビアなどで活躍していた範田紗々（Iカップ）AVデビュー。
・『僕の彼女を紹介します まり子*G-CUP』❸（ハマジム）が大ヒット。
・篠崎愛❹が14歳でグラビアデビュー。デビュー時はEカップ。

❸

❹

・日テレジェニックで相澤仁美（Iカップ）、原幹恵（Gカップ）、北村ひとみ（Jカップ）、草場恵（Gカップ）と選出された4人全員がGカップ以上となる。
・倉科カナ（Fカップ）、ミスマガジン2006でグランプリに選ばれる。
・FDAが新タイプのシリコンバッグ使用を認可。

❶

❷

❸

2007年

・ほしのあき❶、30代にしてグラビアアイドルとして人気をキープ。
・120センチPカップの風子❷が芸能界デビュー。
・佐山愛❸が『平成生まれのHカップ』（アリスJAPAN）でAVデビュー。
・着エロで活躍した櫻井ゆうこ（Lカップ）、灘坂舞（Jカップ）がAVデビュー。
・ナイスバディ系専門レーベル、E-BODY誕生。
・アメリカで「トップレス・デー」のデモが始まる。以降毎年8月28日にトップレスの女性たちがデモを行う。

❶

❷

❸

2008年

・着エロで活躍したHitomi❶（Jカップ）がAVデビュー。
・巨乳専門レーベル、OPPAI❷、胸キュン喫茶❸誕生。

2009年

・護あさな❶（Iカップ）、佐山彩香（Fカップ）芸能界デビュー。

❶

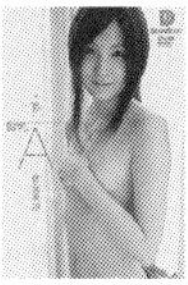
❸

❶

❸

❶

❶

❷

❷

❷

❷

・着エロアイドルの風子（Pカップ 現・Pちゃん）、藤浦めぐ❷（Gカップ 現・めぐり）がAVデビュー。
・貧乳をテーマにした『微乳A』❸シリーズ（ドリームチケット）スタート。

2010年

・Jカップでウエスト55センチという超ナイスバディのJULIA❶がAVデビュー。
・元グラビアアイドルの春菜はな❷（Kカップ）がAVデビュー。
・仁科百華❸（Jカップ）、西條るり（Mカップ）がAVデビュー。
・爆乳専門AVメーカー、ボンボンチェリー誕生。
・ワコールが「小さく見えるブラ」を発売。大ヒットする。

2011年

・元アイドルの小向美奈子❶がAVデビュー。Hカップの柔らかそうな爆乳は「スライム乳」と呼ばれた。デビュー作はAV史上最高の20万本を売り上げる。
・「人類最強の1億円ボディ」のキャッチフレーズで沖田杏梨❷（Kカップ）がAVデビュー。
・佐々木心音（Eカップ）グラビアデビュー。

2012年

・高崎聖子（Gカップ）、岸明日香（Gカップ）芸能界デビュー。
・尾上若葉❶（Hカップ）、小早川怜子（Iカップ）がAVデビュー。

❶

❷

❸

❶

❷

❸

❶

❷

・史上最大（？）の巨乳、Zカップ314センチの早瀬クリスタル❷の出演作がリリースされる。

2013年

・青山ひかる❶（Iカップ）芸能界デビュー。
・「神の乳」の異名をとる宇都宮しをん❷（後にRION Jカップ）AVデビュー。
・塚田詩織（Jカップ）、吉川あいみ❸（Hカップ）、白石茉莉奈（Gカップ）、AVデビュー。

2014年

・松岡ちな❶（Hカップ）、七草ちとせ（Jカップ 現・由來ちとせ）、篠田あゆみ（Iカップ）、葉月美音（Iカップ）AVデビュー。
・元東スポ記者ということで話題になったJカップの澁谷果歩❷がAVデビュー。
・柳ゆり菜（Eカップ）、NHK朝ドラ『マッサン』で半裸モデルを演じてブレイク。
・ハヤカワ五味、大学在学中にシンデレラバスト（小さな胸）用ブラジャーブランド「feast」❸を立ち上げ、話題となる。

2015年

・南真菜果❶（Hカップ）がAVデビュー。
・AVメーカーunfinished❷が巨乳専門へ路線変更。
・胸の大きい女性向けアパレルブランド「HEART CLOSET」❸誕生。

❸

❶

❷

❶

2016年

・高崎聖子が高橋しょう子❶に改名してＡＶデビュー。Ｇカップ。
・三島奈津子❷（Ｉカップ）、羽咲みはる（Ｆカップ）、深田ナナ（Ｋカップ）がＡＶデビュー。
・Ｅカップ以上専門の下着ブランド「ivyy」誕生。

2017年

・水卜さくら（Ｇカップ）、桜空もも（Ｇカップ）、後藤里香（Ｉカップ）ＡＶデビュー。
・『バチェラー』❶創刊40周年を迎える。現存する日本最古のエロ雑誌。
・トリンプの調査で日本女性でＤカップ以上がＣカップ以下より上回る。

参考文献一覧

単行本・ムック

・石角春洋『穴さがし五分間応接』(三進堂)1919年
・高橋鐵『裸の美学 女体美を探求する』(あまとりあ社)1950年
・鴨居羊子『下着ぶんか論 解放された下着とその下着観』(凡凡社)1958年
・丹羽小弥太『女とおとこ 性―この厳粛な事実』(協同出版)1966年
・山岡明『カストリ雑誌にみる戦後史』(オリオン出版)1970年
・別府ちづ子『エンゼル=トリオ恋ぐるい』(講談社)1976年
・大橋照子『愛の風は風力3 えぐれ・獅子舞・チェリーです』(祥伝社)1977年
・加藤周一 池田満寿夫『エロスの美学 比較文化講義』(朝日出版社)1981年
・嵐山光三郎『口笛の歌が聴こえる』(新潮社)1985年
・中村京子『Dカップ・パフォーマンス 京子の業界きまぐれモデル稼業』(立風書房)1985年
・斉藤修・監修『ザ・プレミア本スペシャル』(綜合図書)1987年
・『Dカップコレクション』(白夜書房)1988年
・『Dカップ倶楽部』(桜桃書房)1988年
・秋田昌美『セックス・シンボルの誕生』(青弓社)1991年
・オレンジ通信特別編集『アダルトビデオ10年史』(東京三世社)1991年
・ジェラルド・ジョンソン 高須克弥『新しいバスト形成術』(早稲田出版)1992年
・下川耿史『男性の見た昭和性相史 part 1~4』(第三書館)1992年~1993年
・別冊宝島『性メディアの50年』(宝島社)1995年
・マガジンハウス編『平凡パンチの時代 失われた六〇年代

を求めて』(マガジンハウス)1996年
・別冊宝島『雑誌狂時代!』(宝島社)1997年
・カンパニー松尾・井浦秀夫『職業AV監督』(秋田書店)1997年〜1998年
・映画秘宝編集部編『セクシー・ダイナマイト猛爆撃』(洋泉社)1997年
・タイモン・スクリーチ 高山宏・訳『春画 片手で読む江戸の絵』(講談社選書メチエ)1998年
・銀四郎・編著『乳房美術館』(京都書院)1998年
・上野千鶴子『発情装置 エロスのシナリオ』(筑摩書房)1998年
・『80年代AV大全』(双葉社MOOK)1999年
・みのわ・ひろお『日本ストリップ50年史』(三一書房)1999年
・佃善則『淀川長治が遺してくれたこと 映画が人生の学校だった』(海竜社)1999年
・青柳陽一『麻田奈美写真集 APPLE 1972-1977』(アスペクト)2000年
・青木英夫『下着の文化史』(雄山閣出版)2000年
・荒俣宏『セクシーガールの起源』(朝日新聞社)2000年
・ベアトリス・フォンタネル 吉田春美・訳『ドレスの下の歴史 女性の衣装と身体の2000年』(原書房)2001年
・井上章一『パンツが見える 羞恥心の現代史』(朝日新聞社)2002年
・安里勉『グラビア☆アイドル伝説』(新潮社)2003年
・マルタン・モネスティエ 大塚宏子・訳『[図説]乳房全書』(原書房)2003年
・野田義治『巨乳バカ一代 胸の谷間から見た野田流成功法則70』(日本文芸社)2004年
・内藤誼人『すぐに役立つ恋愛心理55のツボ!』(大和書房)2004年
・マリリン・ヤーロム 平石律子・訳『乳房論 乳房をめぐる欲望の社会史』(ちくま学芸文庫)2005年
・『大辞林 第三版』(三省堂)2006年
・木下英治『巨乳をビジネスにした男 野田義治の流儀』(講談社)2008年
・長友健二 長田美穂『アグネス・ラムのいた時代』(中公新書ラクレ)2007年
・スーザン・セリグソン 実川元子・訳『巨乳はうらやましいか? Hカップ記者が見た現代おっぱい事情』(早川書房)2007年
・中野明『裸はいつから恥ずかしくなったか 日本人の羞恥

心』（新潮選書）2010年
・米沢嘉博『戦後エロマンガ史』（青林工藝舎）2010年
・藤木TDC『アダルトビデオ最先端 身体と性欲の革命史〜』（コアマガジン）2011年
・橋本治 早川聞多 赤間亮 橋本麻里『浮世絵入門 恋する春画』（新潮社）2011年
・織田祐二『グラビアアイドル『幻想』論 その栄光と衰退の歴史』（双葉新書）2011年
・オフェル・シャガン『ニッポン春画百科』（平凡社）2011年
・山崎明子 黒田加奈子 池川玲子 新保淳乃 千葉慶『ひとはなぜ乳房を求めるのか 危機の時代のジェンダー表象』（青弓社）2011年
・川本耕次『ポルノ雑誌の昭和史』（ちくま新書）2011年
・フローレンス・ウィリアムズ 梶山あゆみ・訳『おっぱいの科学』（東洋書林）2013年
・井上章一・編『性欲の研究 エロティック・アジア』（平凡社）2013年
・永井義男『江戸の性語辞典』（朝日新書）2014年
・佐野亨・編『昭和・平成 お色気番組グラフィティ』（河出書房新社）2014年
・乳房文化研究会・編『乳房の文化論』（淡交社）2014年
・橋本治『性のタブーのない日本』（集英社新書）2015年
・本橋信宏『全裸監督 村西とおる伝』（太田出版）2016年
・ロミ 高遠弘美・訳『乳房の神話学』（角川ソフィア文庫）2016年
・『週刊プレイボーイ創刊50周年記念出版『熱狂』』（集英社）2016年
・長澤均『ポルノ・ムービーの映像美学 エディソンからアンドリュー・ブレイクまで 視線と扇状の文化史』（彩流社）2016年
・稀見理都『エロマンガ表現史』（太田出版）2017年

雑誌

・『フライデー・ダイナマイト』（講談社）
・『バチェラー』（大亜出版・ダイアプレス）
・『オレンジ通信』（東京三世社）
・『宇宙船』（朝日ソノラマ）
・『ビデオプレス』（大亜出版）
・『アップル通信』（三和出版）
・『月刊ソフト・オン・デマンドDVD』（ソフト・オン・デマンド）
・『新潮45』（新潮社）

・『サイゾー』(サイゾー)
・『実業の日本』(実業之日本社)
・『月刊読売』(読売新聞社)
・『週刊娯楽よみうり』(読売新聞社)
・『週刊東京』(東京新聞)
・『キネマ旬報』(キネマ旬報社)
・『新映画』(映画出版社)
・『週刊新潮』(新潮社)
・『日本カメラ』(日本カメラ社)
・『サンケイカメラ』(産業経済新聞社)
・『平凡パンチ』(平凡出版・マガジンハウス)
・『F6セブン』(恒文社)
・『週刊プレイボーイ』(集英社)
・『朝日新聞』(朝日新聞社)
・『漫画ボイン』(新星社)
・『週刊サンケイ』(産業経済新聞社)
・『セブンティーン』(集英社)
・『GORO』(小学館)
・『D-CUP』(大亜出版)
・『ビデパル』(フロム出版)
・『週刊宝石』(光文社)
・『週刊現代』(講談社)
・『週刊文春』(文藝春秋)
・『メディアプレス』(三和出版)
・『DELUXEマガジン』(講談社)
・『DELUXEマガジンORE』(講談社)
・『スコラ』(スコラ)
・『フラッシュ』(光文社)
・『月刊DMM』(ジーオーティー)
・『週刊ポスト』(小学館)
・『週刊大衆』(双葉社)
・『週刊SPA!』(扶桑社)
・『BUBKA』(コアマガジン)『ベストビデオ』(三和出版)
・『別冊くい〜ん』(アント商事)
・『PENT JAPANスペシャル』(ぶんか社)
・『ボディプレス』(白夜書房)
・『本当にあったHな話』(ぶんか社)
・『MAZI!』(ミリオン出版)
・『ヤンナイ』(大橋書店)
・『ユリイカ』(青土社)

取材協力

・白石弘様（ダイアプレス）
・高槻彰様（シネマユニット・ガス）
・中村京子様
・柳下毅一郎様
・小滝正大様
・福井卓司様
・松沢呉一様
・辻口孝司様（アリスＪＡＰＡＮ）
・高須克弥様

安田理央《やすだ・りお》
一九六七年埼玉県生まれ。

ライター、アダルトメディア研究家、漫画原作者。

美学校考現学研究室（講師＝赤瀬川原平）卒。

主にアダルトテーマ全般を中心に執筆。特にエロとデジタルメディアとの関わりに注目している。

ＡＶ監督としても活動し、二〇一一年には、ＡＶ30周年を記念し、
40社以上のメーカーが参加するプロジェクト「ＡＶ30」の監修者を務める。

著書に『痴女の誕生 アダルトメディアは女性をどう描いてきたのか』（太田出版）、

『日本縦断フーゾクの旅』（二見書房）、雨宮まみとの共著『エロの敵』（翔泳社）など。

漫画原作者としては『たちまち はだかの業界物語』（作画＝前川かずお、日本文芸社）がある。

また80年代よりモデルプランツ、野獣のリリアンなどのバンドで音楽活動も活発に行っている。

安田理央Blog「ダリブロ」http://rioysd.hateblo.jp/

巨乳の誕生
大きなおっぱいはどう呼ばれてきたのか

二〇一七年一二月一日　初版発行

著者　安田理央
編集・発行人　穂原俊二
発行所　株式会社太田出版
〒一六〇-八五七一　東京都新宿区愛住町二二　第三山田ビル四階
電話〇三-三三五九-六二六二　FAX〇三-三三五九-〇〇四〇
振替〇〇一二〇-六-一六二一六六
ホームページ http://www.ohtabooks.com/
印刷・製本　中央精版印刷株式会社
ISBN978-4-7783-1605-1 C0095